Berger Goli: 0676/5645927!

W0190846

Unsere Medizin ist die Medizin des sitzenden Menschen. Der bewegte Mensch folgt völlig anderen Gesetzen. Hier liegt unsere Chance.

Der Autor

Danksagung

Der Autor bedankt sich in erster Linie und ganz herzlich bei Marion Grillparzer für ihre unermüdliche Hilfe beim Verfassen dieses Buches.

Ulrich Strunz

Jahrgang 1943, praktizierender Internist, Orthomolekularmediziner und Bestsellerautor, entwickelte das Forever-Young-Erfolgsprogramm für körperliche und geistige Höchstleistungen. Er begeistert in Seminaren, Vorträgen und zahlreichen TV-Auftritten Jahr für Jahr Zehntausende von Menschen und führt sie in ein neues, gesundes und schlankes Leben. In seiner Altersklasse gehört er zur Weltspitze der Ultra-Triathleten.

dr. ulrich strunz nordic fitness

nordic walking, nordic blading

schnell und gesund abnehmen

sanftes und effektives ganzkörpertraining

WILHELM HEYNE VERLAG
MÜNCHEN

HEYNE RATGEBER
08/5416

Umwelthinweis:
Dieses Buch wurde auf chlor- und säurefreiem Papier gedruckt.

Originalausgabe 08/2003

Copyright © 2003 by Ullstein Heyne List GmbH & Co. KG, München.
Der Wilhelm Heyne Verlag ist ein Verlag der Verlagsgruppe Ullstein Heyne List
GmbH & Co. KG.
http://www.heyne.de

Printed in Germany 2003

Umschlaggestaltung: Martina Eisele, Grafik-Design, München
Umschlagfoto: Leonard Lenz/Jump Hamburg
Satz und Lithos: LVD GmbH, Berlin
Druck und Bindung: GGP Media, Pößneck

ISBN: 3-453-86898-6

Inhalt

Praxis: Das Nordic-Walking-Trainingsprogramm   72

Vorwort

Ein Zitronenfalter tanzt auf den Sonnenstrahlen, die durch das Gehölz blinzeln. Im Kopf summt es *Düse, düse, düse im Sauseschritt und bring die Liebe mit, von meinem Himmelsritt …* Fröhliches Glucksen im Bauch. Unter den Füßen Wurzeln, Steine, der Schatten einer Birke. Lauter kleine Herausforderungen, die zum Fliegen einladen. Federn, schwingen, fliegen, große Schritte, kleine Anstrengung. Jeder Muskel spielt mit. Nichts, wirklich nichts, lässt einen sich so unendlich leicht fühlen wie das Walken mit Stöcken.

Der Traum vom Fliegen

Wovon träumen denn die meisten Jogger? Vom elastischen Federn, vom Fliegen, so wie die sehnigschlanken Kenianer. Was spüren Sie aber? Sich selbst, als Trampeltier, als Elefant, Ziehen, Drücken, Erdenschwere.

So. Nun nehmen Sie mal zwei Stöcke. Hochspringen und einfach nach vorne schwingen. … *Uiii!* Gleich noch mal. Und schon fühlen Sie sich wieder wie ein Kind. Erinnern Sie sich daran, wie Sie an den Händen Ihrer Eltern durch den Spaziergang geflogen sind?

Anlaufen – und *huiiii.* In Sicherheit schaukeln. Während Mama sagt: *Engelchen, Engelchen flieeeeeeeeeg.* So in etwa könnte man das Gefühl beschreiben, das einem zwei schlichte Carbonstöcke schenken.

Die Zauberstäbe der Fitness

Und sie schenken einem noch viel mehr: Gesundheit von Kopf bis Fuß, maximale Fettverbrennung – und die Sicherheit, es zu können. Jeder kann sofort mit Nordic Walking anfangen. Egal ob mit Übergewicht, mit Gelenkproblemen, mit null Kondition, mit vielen Jahren auf dem Buckel. Und jeder profitiert maximal davon. Nichts, aber wirklich nichts, lässt überflüssige Pfunde so schnell schmelzen, den Fitness-Index so rasch ansteigen, Rückenschmerzen so flugs verschwinden wie der »finnische Stockgang«.

Nordic-Walking-Stöcke sind die Zauberstäbe, auf die jeder Abnehmer schon lange wartet. Wenn Sie mit den Stöcken gehen, dann zaubern Sie einfach 50 Prozent mehr Fett weg als ohne. Und die beste Nachricht: Sie strengen sich dabei weniger an.

Und was mir besonders imponiert: Langweilig wird's nie. Nicht mal, wenn Sie sich über Stock und Stein zum Profi hochgesportelt haben. Und auch nicht, wenn's schneit.

Das ganze Jahr Abenteuer
Die Stöcke können Sie auch im Winter schwingen, mit der gleichen Technik – zu Schneeschuhen oder Nordic-Skiern. Ach ja, und zu den Inlineskates. Die Stöcke intensivieren das Training auf den Rollen – und sind eine Lebens-

versicherung für den Po. Fliegen Sie mit mir auf den nächsten Seiten durch die Nordic-Fitness. Lernen Sie Nordic Walken, und machen Sie einen Schnupperkurs in Nordic Blading, Nordic Snowshoeing oder Nordic Skiing. Wetten, dass diese Stöcke auch Sie verzaubern?

Viel Spaß
wünscht Ihnen Ihr

Nordic Walking:
Eine Ode an den Vierradantrieb

Auch wir sind einmal auf allen Vieren durch die Savanne gehoppelt. Recht effektiv. Alle Muskeln waren im Einsatz, wenn es um die Beute ging – oder um das Leben. Und dann kam der große Tag: Wir wollten mehr sehen, mehr vom Leben. Wir haben uns aufgerichtet auf die Hinterbeine – und wurden zum Menschen. Darauf dürfen wir stolz sein. Wir Zweibeiner. Wenn nur nicht die Kreuzschmerzen wären, und die atemlose Mühe an jeder Treppe, jedem Hügelchen …

Wir haben dem Hirn den Körper geopfert. Ihn nur noch für halb so wichtig erklärt: Zweiradantrieb. Statt vier benutzen wir zwei Beine. Und das äußerst selten. Dann kamen die Nordler. Die Finnen. Die Skilangläufer. Eine noch gar nicht richtig gewürdigte neue Entwicklungsstufe des Menschen. Nicht einfach Zwei-Bein-Läufer, sondern Kraftmaschinen mit Allradantrieb.

Die laufen nicht auf, sondern mit allen Vieren. Höchst effektiv. Mit breitem, durchtrainiertem Kreuz. Mit starken Oberarmen (gucken Sie sich mal einen typischen Marathonläufer an: Wenn der ein Mädchen wäre, würde man »Anorexie« sagen und den Arzt holen) verbrennen sie Fett in jeder Muskelfaser. Nicht nur in den Beinen. Der ganze Körper wird eine aktive Fitness- und Verbrennungsmaschine.

Fliegen Sie

Sieht blöd aus mit den Stöcken? Nein, tut es nicht. Der ganze Körper ist in einer schwingenden Bewegung. Die Kraftanstrengung verteilt sich gleichmäßig von den Zehenspitzen bis zur Stirn. Anmutig spielen alle Muskeln – soweit vorhanden – mit. Man bewegt sich unwillkürlich viel schneller vorwärts, ohne sich dafür mehr anstrengen zu müssen. Das verleiht ein Gefühl, ein unbeschreibliches Gefühl, dass man fliegt.

Ein Wort an den Bewegungsmuffel …

Natürlich haben Sie schön öfters ein bisschen darüber nachgedacht, was es bedeuten könnte, ein wenig Aktivität ins Leben zu integrieren. Die Beine zu bewegen. Den Kreis-

Stöcke statt Siebenmeilenstiefel

Beim Nordic Walking laufen Sie automatisch bis acht Kilometer pro Stunde statt der fünf bis sieben Kilometer ohne Stöcke.

lauf in Schwung zu bringen. Fitness zu tanken, den Geist zu schärfen. Gar einen Waschbrettbauch zu bekommen, Muskeln wachsen zu lassen, wie ein Adonis auszusehen oder wie Jane Fonda …
Stopp, stopp, stopp!
Immer wenn Sie gerade mit dem Träumen beginnen – und diese Träume vielleicht sogar die Kraft hätten, Sie ins nächste Sportgeschäft zu treiben, damit Sie sich morgen in der Realität befinden, in den Laufschuhen, im Park …
Also immer wenn Sie gerade mit dem Träumen beginnen, sehen Sie sich schwitzend. Sich abschindend. Und das jeden Tag. Sie lehnen sich

im Sessel zurück, greifen zur Fernbedienung oder zur Zeitung. Und denken: *Nee. Keine Zeit. Viel Vergnügen ist das ja nicht. Keine Zigarette, kein Bier. Nur noch Mineralwasser, Gemüse und Obst. Und jeden Tag immer wieder die Laufschuhe schnüren. Vielleicht auch noch für den Rest meines Lebens. Grauenhaft. Uncool – wie Harald Schmidt sagen würde.*

Nix für mich. Überlass ich den Schlankheitsfanatikern, Asketen und Gesundheitsaposteln.

Ich verstehe Sie. Ging mir auch mal so. Einfach menschlich. Völlig normal. Bis Sie den ersten Schritt tun … und den nächsten. Und dann vielleich noch einen. Wenn Sie diese ersten Schritte tun, fühlen, was mit Ihnen passiert, dann nippen Sie an dem Zaubertrank von Mirakulix. Und stehen täglich wie Obelix am Topf der ungeahnten Kräfte an. Sie müssen nicht. Sie wollen. Sie sind froh, noch ein paar erfüllte Jahre länger von diesem Lebenselixier kosten zu dürfen. Nordic Walking ist so ein Lebenselixier. Es macht aus einem müden

Bewegungsmuffel einen vor Kraft strotzenden, fröhlichen, schlanken, gesunden, agilen Menschen.

Sie haben Angst vor der Anstrengung? Unsinn. Würzen Sie Ihr Leben mit Bewegung – wohl dosiert und nach Ihrem Geschmack. Sie sind Koch und Genießer zugleich. Sie bestimmen, was und wie viel auf den Tisch kommt. Was kann Ihnen also passieren? Nichts! Tun Sie es. Fangen Sie einfach an. Morgen. Schlüpfen Sie in die Schuhe, packen Sie die Stöcke und ernten Sie mit jedem Schritt Fröhlichkeit, Jugend, Gesundheit – wertvolle Lebensjahre. Das nenne ich cool … lieber H. S.

… und eines an den Leistungssportler

Sie sind überzeugter Läufer? Ich auch. Sicher, für Bewegungsmuffel, Senioren und Wohlbeleibte ist Nordic Walking die Chance, in ein bewegtes Leben einzusteigen. Aber mal ehrlich: Ich als Triathlet und Marathonläufer brauch natürlich mehr als diesen netten Gesundheitssport mit Stöckchen. Ich möchte einen handfesten Beweis für meine Leistung, in welcher Form auch immer. Durchschwitzte Kleider, wohlig schmerzende Beine und keuchender Atem. Nordic Walking ist wunderbar – aber nicht für mich.

Das dachte ich bis vor kurzem. Doch meine hochmütig gerümpfte Nase machte auf Mallorca eine ziemliche Talfahrt. Mit ein paar lächerlichen Stöcken an den Armen musste ich mit meinem Trainer (er besitzt unglaubliche Überredungskünste und ist weiblich) auf den Dünen, durch Pinienwälder und Rosmarinbüsche walken. Nach den ersten fünf Minuten dachte ich: Netter Sonntagsspaziergang, aber Zeitunglesen hätte den gleichen Effekt. Doch allmählich wurde mir recht warm. Ich begriff: Die ersten fünf Minuten dienten lockerster Aufwärmarbeit. Durch den Stockeinsatz spürte ich meine Arme nach einer viertel Stunde gewaltig. So ein leicht schweres und säuerliches Gefühl machte sich in den Schultern breit. Das Tempo, das meine Trainerin vorlegte, konnte ich kaum mithalten. Ich hechtete mit Riesenschritten hinterher … meine Oberschenkel und Waden schrien nach Pause. Ich glaubte mir selber nicht – aber ich war am Limit.

Seit diesem Erlebnis betrachte ich diese Teufelsstöcke mit einer gewissen Ehrfurcht. In mein Training habe ich sie natürlich auch eingebaut. Und meine Trainerin hat bei den Nordic-Walking-Einheiten Überholverbot.

100 Prozent und kein bisschen weniger

Es wäre ja so einfach und banal, sich das zu nehmen, was einem zusteht. Und was machen die meisten unter uns? Sie warten. Sitzen den halben Tag mit eingezogenen Schultern und gebeugtem Kopf am Schreibtisch. Lümmeln allabendlich, weil Sitzen ja auch ziemlich müde macht, im Sofa und hoffen auf bessere Zeiten. Sehen zu, wie ihre wertvollen Muskeln verkümmern. Freunden sich mit Ihrem Bäuchlein an, das da langsam Jahr um Jahr nette Ringlein anlegt. Akzeptieren ihre

> **INFO**
>
> Nordic Walking bringt den Anfänger auf Touren, trainiert den Hochleistungssportler, freut den Outdoorfreak und überzeugt den Schlankheitsfanatiker. Diese Sportart kann man ausführen, unabhängig von Alter, Geschlecht, Kondition.

Kurzatmigkeit beim Treppensteigen. Überstehen das manchmal unerträgliche Ziehen im Rücken ganz gut mit Schmerzmitteln. Nehmen die zunehmende Vergesslichkeit als gegeben hin. Schwelgen in alten Zeiten, als man noch der Klassenheld im Hochsprung oder Sprinten war und alles so leicht von der Hand ging. Erkennen Sie sich wieder?

Beenden Sie die Wartezeit … und holen Sie sich das, was Ihnen zusteht. Geben Sie sich nicht mit 50 Prozent zufrieden. Verlangen

TEST

Ist Nordic Walking etwas für Sie?

Nordic Walking ist die Zauberformel für eine gute, straffe Figur, die schnelle Form, Ausdauer zu tanken – bei einem unbeschreiblichen glückshormongeprägten Ausflug in die Natur. Ein idealer Sport für Stubenhocker und echte Kerle. Und für Sie?

Beantworten Sie folgende Fragen:

▶ Haben Sie keine Lust auf Fitnessstudio und wollen doch was
für Ihren Rücken und Oberkörper tun?   ja ☐   nein ☐
▶ Haben Sie seit Ihrer Jugend keinen Sport mehr getrieben?   ja ☐   nein ☐
▶ Möchten Sie gerne langfristig und dennoch schnell Gewicht
verlieren?   ja ☐   nein ☐
▶ War Ihnen Sport schon von klein auf ein Gräuel?   ja ☐   nein ☐
▶ Ist Ihnen Joggen zu anstrengend?   ja ☐   nein ☐
▶ Haben Sie beim Laufen schwere Beine oder Knieschmerzen?   ja ☐   nein ☐
▶ Ist Ihnen Walking zu schlapp oder zu langweilig?   ja ☐   nein ☐
▶ Suchen Sie nach Alternativen, um Ihren Laufalltag
aufzupeppen?   ja ☐   nein ☐
▶ Sind Sie gerne in der Natur, aber die normalen
Sonntagsspaziergänge öden Sie an?   ja ☐   nein ☐
▶ Sind Sie ein »Wennschon, dennschon«-Typ? Egal, was
Sie tun, es muss das Effektivste sein?   ja ☐   nein ☐

Wenn Sie auch nur eine Frage mit Ja beantworten konnten, dann sind Sie Kandidat für diese junge Sportart. Oder: Nordic Walking ist das Richtige für Sie.

Sie Ihrem Leben 100 Prozent ab: 100 Prozent Leistungsfähigkeit, Wohlbefinden und Glück. Das können Sie sich holen mit regelmäßiger Bewegung. Und Sie tun das ganz, ganz clever – mit einer neuen Zauberformel.

Es gibt nix Clevereres …

Welche Bewegung verspricht mehr als optimale Effekte und ist so angenehm, dass Sie sie gerne jedes Mal aufs Neue tun? Tja, Fingerhakeln und Kegeln sind sicherlich eine nette Freizeitbeschäftigung. Aber nicht das, was alle 70 Billionen Körperzellen zufrieden und glücklich vor sich hin schnurren lässt – die Muskeln und die Blutgefäße, die Haut und die Hormone, das Immunsystem und die Gelenke. Sie wissen: Ich denke da eher an ein lockeres Läufchen durch den Park oder einen netten Walk auf dem Hausberg vor der Tür. Die krummen Gedanken, die sich jetzt gerade durch Ihren Kopf winden, kenne ich: *Hab's probiert. Nach ein paar Minuten ging mir die Puste aus. Puls war höher als mein IQ. Nix Freude. Nur Stress – und schiere Angst ums Überleben.* Darum buchen Sie die »Lauferei« ab unter: Probiert und als untauglich befunden. Ich weiß: Walken ist Ihnen zu langweilig, das ist was für alte und kranke Leute.

Die Finnen walken mit Stock. Klug. Denn so erntet man maximale Effekte.

Doch jetzt gibt es eine Alternative zum Laufen und Walken – nein, ohne Haken, aber mit einigen Vorteilen. »Nordic Walking« heißt die neue Zauberformel. Sie tun ein bisschen was unter der Gürtellinie und ein bisschen was über der Gürtellinie – und ernten maximale Effekte.

Fakten, Fakten, Zauberei

Hier 21 Gründe, warum Sie sofort zu den Stöcken greifen sollten.

1. **Nordic Walking** ist 40 bis 50 Prozent effektiver als Walking.

2. **Nordic Walking** ist schnell erlernbar.

3. **Nordic Walking** entlastet den Bewegungsapparat um bis zu 30 Prozent und ist daher besonders geeignet für Personen mit Knie- und Rückenproblemen.

4. **Nordic Walking** löst Muskelverspannungen im Schulter- und Nackenbereich.

5. **Nordic Walking** macht Sie zur Fettverbrennungsmaschine, verschiebt das Verhältnis Ihrer Enzyme zu mehr fettverbrennenden Enzymen.

6. **Nordic Walking** ist der optimale Outdoorsport für Abnehmer. Nichts verbrennt so effektiv Fett.

7. **Nordic Walking** steigert den Kalorienverbrauch für den ganzen Tag, auch wenn Sie nach dem Training auf dem Sofa liegen.

8. **Nordic Walking** vermittelt ein sicheres Laufgefühl auch auf rutschigem Untergrund.

9. **Nordic Walking** trainiert die aerobe Ausdauer und kräftigt gleichzeitig die Oberkörpermuskulatur.

10. **Nordic Walking** verbessert die Herz-Kreislauf-Leistung.

11. **Nordic Walking** steigert durch den aktiven Einsatz der Atemhilfsmuskulatur die Sauerstoffversorgung des gesamten Organismus.

12. **Nordic Walking** putzt die Blutgefäße durch, senkt Blutfettwerte und LDL-Cholesterin, erhöht das gute HDL.

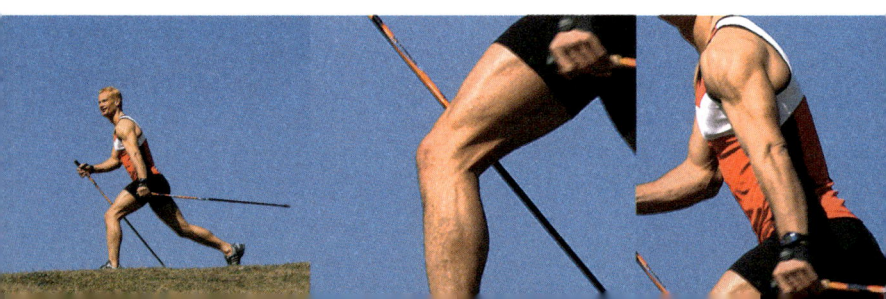

13. Nordic Walking mindert Insulinresistenz, beugt effektiv Diabetes vor.

14. Nordic Walking stärkt die Knochen, mindert das Osteoporose-Risiko.

15. Nordic Walking ist die am besten geeignete Outdoorsportart zur Rehabilitation nach Sportverletzungen.

16. Nordic Walking fördert die Bildung von Testosteron, das macht rundum fit im Beruf und im Bett.

17. Nordic Walking lockt das Wachstumshormon – das wichtigste Forever-young-Hormon, das Muskeln aufbaut und Fett wegschmilzt.

18. Nordic Walking macht über den Hormonhaushalt resistent gegen Stress.

19. Nordic Walking fördert das Selbstbewusstsein.

20. Nordic Walking stärkt das Immunsystem.

21. Nordic Walking fördert Kreativität und Leistungsfähigkeit des Gehirns.

Wie wär's mit Sauvakävely?

Der Finne verbringt die Hälfte seiner Zeit im Dunklen. Dafür ist er ziemlich helle im Kopf. Warum? Er isst nicht nur 28 Kilo Fisch im Jahr, sondern trainiert auch mehr als drei Stunden pro Woche – 67 Prozent der Finnen tun das. Und nur aus so einem genial aktiv gehaltenen Kopf kann diese Idee entspringen: *Sauvakävely,* übersetzt: Nordic Walking.

Es ist nun mal nicht immer Iceage …

Da wird unglaublich viel geforscht und geschrieben und studiert und ausprobiert und erzählt, was denn wohl die beste Sportart ist. Laufen, Walken, Wandern, Rad fahren, Schwimmen, Skaten, Skipping … Nun: Skilanglauf ist unbestritten die effektivste Sportart für Gesundheit und Wohlbefinden. Beim Langlaufen gleitet man sanft über den glitzernden Schnee. Hinter diesem Glanzstück an Bewegungsanmut stecken viele, viele Muskeln, von den Füßen aufwärts bis zu den Fingerspitzen. Insgesamt arbeiten bis zu 90 Prozent unserer Muskulatur für mehr Vitalität, mehr Jugend, mehr Gesundheit. All die Muskelfasern helfen dabei, den Körper wieder schlank und rank werden zu lassen. Der Stoffwechsel steigt in ungeahnte Höhen, so dass überflüssige Pfunde schmelzen wie Schnee in der Sonne. Wenn es denn Schnee hat. Das ist der Knackpunkt.

Das Wetter kann man nicht ändern, aber …

Drei Viertel des Jahres leuchten die Wiesen grün und sogar im Winter vermisst man in vielen Teilen des Landes das herrliche Weiß. Es gab einige ehrgeizige Sportler, die dies nicht akzeptierten und ihre Fitness über die lange schneelose Periode hinüberretten wollten, ohne mit Kind und Kegel an den Nordpol ziehen zu müssen. Was taten die? Sie schnitten sich bereits in den 20er Jahren die Langlaufstöcke ab, liefen durch die finnischen Wälder und sagten halt »Stockgang« dazu.

Später, in den 70er Jahren, entwickelten Langläufer, Skater, Biathleten oder Nordische Kombinierer als Sommertraining eine Art »Trockenskilauf«. Mit anderen Worten: verschiedene Laufvarianten mit Langlaufstöcken ohne Bretter an den Füßen. Durch diese Pioniere entstand 1997 in Finnland das neue Freizeitvergnügen »Nordic Walking«.

Und das i-Tüpfelchen obendrauf: Weil die Finnen nun auch im Winter nicht auf Nordic Walking verzichten wollen, entwickelten sie vor kurzem ein Nordic-Fitness-Skiing-Konzept. Klassisch Langlaufen, mit Skiern, aber anders. Und einen wahren Boom hat in den letzen Jahren das Nordic Snowshoeing ausgelöst. Mehr darüber finden Sie ab Seite 132. Kurz und gut: Das Allradprinzip boomt.

… und es sind nicht alles Faultiere

In Finnland treibt es 1,7 Millionen Menschen – ein Drittel der Bevölkerung – mit Stöcken in die Wälder. Sommers wie winters. Und wie sieht es bei uns aus? 80 Prozent der Bevölkerung denken nicht einmal daran, sich zu bewegen. 800 Meter schaffen sie am Tag auf ihren eigenen Beinen. Zum Kühlschrank, zum Fernseher … Sie rosten ein. Im Kopf und in jedem Gelenk. Ein Kind (das man nicht still setzt) läuft zehn und mehr Kilometer.

Nun, vielleicht geht auch in unseren Köpfen ein Licht auf. Wie bei den Finnen. Nordic Walking ist die optimale Bewegungsform. Ein Ganzkörpertraining. Outdoor. Sanft, effektiv, gelenkschonend, da-zwickt-kein-Knie, da-schmilzt-das-Fett, jeder kann es ausführen, überall.

Gerade ist der Nordic-Walking-Virus dabei, Grenzen zu überschreiten, immer mehr Menschen zu infizieren, in Österreich, der Schweiz und Deutschland. Wenn man so nichtsahnend durch den Sommerwald joggt, begegnen einem jeden Tag mehr Stöckchenläufer. Das Virus verbreitet sich. Langsaaaaam. Aber sicher. Es ist nur noch eine kurze Frage der Zeit, bis Nordic Walker in Deutschland zum normalen Bild der Stadtparks gehören – natürlich mit dem berühmten Lächeln.

Nebenwirkungen …

hat Nordic Walking nur eine. Man muss dumme Bemerkungen ertragen wie: »Haben Sie Ihre Ski vergessen?« oder »Ist es schon so weit, dass es ohne Stock nicht mehr geht?« oder »Suchen Sie den Schnee von vorgestern?«

Clevere sporteln nach dem Pareto-Prinzip

Das schlichte Geheimnis, das hinter der ungeheuren Effektivität von Nordic Walking steckt, lautet: Sie setzen praktisch alle Muskeln ein, die Sie besitzen. Sie trainieren Ihren ganzen Körper. Stockschwingend betätigen Sie 90 Prozent Ihrer Muskeln. Rad fahrend läuft nur

wie ein Turbolader. Ihr Stoffwechsel und Ihr Kalorienverbrauch steigen so an, dass Sie schier zuschauen können, wie Sie unter der Haut zusammenschnurren und ihr wahres Ich wieder zum Vorschein kommt.

Das ist es

Wer nordic walkt, muss nur halb so viel trainieren und erntet doppelt so viel an Kraft, an Kondition, an Fettverbrennung. Und muss sich nicht mal anstrengen. Glauben Sie mir, das ist nur ein bisschen übertrieben.

durch 35 Prozent Ihrer Muskeln Strom, beim Laufen immerhin 70 Prozent. Die Arme, die beim Walking und Laufen meist nur schlapp herunterbaumeln und allemal für ein bisschen mehr Schwung sorgen, sind beim Nordic Walking stark gefordert. Arme, Rücken, Brust und Bauch müssen kräftig mithalten. Das bedeutet: Sie schalten von »Zweirad-« auf »Allradantrieb« um.

Kennen Sie den klugen Pareto?

Vilfredo Pareto, 1848 in Paris geboren und 1929 in Genf gestorben, war ein Wirtschaftsökonom. Das Pareto-Prinzip besagt: Mit 20 Prozent der Zeit erzielt man 80 Prozent der gewünschten Ergebnisse. Man hätte ihn seinerzeit sicher mit Nordic-Walking-Stöcken am Genfer See gesehen. Die große eingesetzte Muskelmasse wirkt

Man muss sich nicht mal anstrengen

Laut einer Studie des amerikanischen Cooper-Instituts steigt der Kalorienverbrauch im Vergleich zum Walking um 46 Prozent an, nur indem man die Stöcke benutzt. Der Trick besteht darin, dass Sie bei der gleichen Belastung mehr Muskeln benutzen. Deshalb ist Nordic Walking ein Wohlfühlsport. Sie können ohne Anstrengung über Feld und Wiese tigern oder auf Wegen die Spaziergänger mit einem lustigen Pfeifen überholen. Kilos killen, ohne sich anzustrengen.

Und weil das auch noch unglaublichen Spaß macht (glauben Sie mir nicht? Recht so. Probieren Sie es einfach aus), findet auch das Couchtier mit Nordic Walking den Weg zurück in ein »bewegtes Leben«.

Das sagt Herbert Steffny

Der ehemalige Weltklassemarathoni hält heute Nordic-Walking-Seminare. Er sagt: »Walking mit den Sticks als Sportgerät sorgt nicht nur dafür, dass auch die Arme ins Training einbezogen werden. Zugleich wächst die Begeisterung der Männer für diesen Sport. Diese Technik erhöht den Spaß am Walking.«

Und für richtige Girls und Kerls … geht's einfach ab vom Weg. Man kann Touren querfeldein machen. Mit den Stöcken stellt sich kein Hindernis mehr in den Weg. Kleine Bäche, Baumstämme oder große Pfützen sind eher eine willkommene Abwechslung, um die Geschicklichkeit auszutesten, als ein Grund sich den Weg außen herum zu bahnen.

Gesundheit im Doppelpack. Oder: alles in einem Aufwasch Was die meisten Gesundheitssportarten betrifft, muss man sich entscheiden, ob man etwas für seinen Oberkörper, seinen Rücken oder nur etwas für die Ausdauer tun möchte. Viele kombinieren

deshalb Laufen mit Fitnessstudio, oder Sie gehen zusätzlich schwimmen. Wenn Sie viel Zeit haben, ist das sehr lobens- und empfehlenswert. Wenn Sie jedoch bequemer veranlagt sind und alles in einem Aufwasch machen wollen, gibt es da auch eine Möglichkeit – ganz im Sinne von Pareto: Nordic Walking. Ob Sie nun mehr Ihren Oberkörper, Ihre Beine oder beides auf Zack bringen wollen, bleibt Ihnen überlassen und hängt von der Technik ab, mit der Sie die Arme mithelfen lassen. Sie trainieren nicht nur die Beinmuskulatur, sondern auch die Muskulatur des Oberkörpers gewinnt an Kraft und Ausdauer. Beine und Po werden straffer, der Rücken stärker, Arme und Schultergürtel muskulöser und der Nacken entspannt sich. Sie gewinnen an Muskelmasse, an Spannung und Kraft. Das Fett verliert. Ihr persönliches Pareto-Motto für die Zukunft lautet: Kilos killen ohne Anstrengung.

Interview

Dr. Ulrich Strunz: *Gigathlon ist die härteste Herausforderung, der sich ein Sportler stellen kann.*
Bennie Lindberg: Stimmt. Die Idee stammt aus der Schweiz. Dort hat der erste Gigathlon im Rahmen der Expo 2002 stattgefunden und wurde vom olympischen Verband unterstützt. Da haben wir die Schweiz einmal umrundet. Das sind rund 1500 Kilometer, die wir in in fünf Disziplinen zurückgelegt haben: 795 Kilometer Rennrad fahren, 303 Kilometer Mountainbiking, 25 Kilometer Schwimmen, 173 Kilometer Inlineskating und 181 Kilometer Laufen. Und das Ganze in sieben Tagen.

Muss man nicht ganz schön verrückt sein, um so etwas zu machen?
Das sehe ich ganz anders. Ich finde eher Menschen, die gar keinen Sport machen, ziemlich verrückt.

Wie kommt man zu so einer Einstellung?
Ich mache seit 20 Jahren Leistungssport. Als gebürtiger Finne bin ich mit den typischen finnischen Sportarten wie Eishockey und Langlaufen aufgewachsen. Als 20-Jähriger habe ich den Triathlon entdeckt. Ein paar Jahre später war ich

Finnen erfanden Nordic Walking. Und Bennie Lindberg ist ein Finne. Finnen sind die sportbegeistertsten Menschen der Welt. Und Bennie Lindbergs Begeisterung scheint grenzenlos – er ist Gigathlet. Und das mit über vierzig.

dann Profisportler. Bis ich einen schweren Unfall hatte, der meine Karriere vorläufig beendete. Da habe ich angefangen, Sportler zu coachen. Das macht mir sehr viel Spaß.

Mittlerweile sind Sie wieder voll fit. Wie viel Zeit widmen sie dem aktiven Sport?
Das kommt ganz darauf an, was ich an organisatorischer Arbeit zu tun habe. Ich trainiere in der Woche zwischen 10 und 40 Stunden.

10 bis 40 Stunden Laufen, Rad fahren, Schwimmen, Inlineskating. Und Nordic Walking. Was reizt Sie an dem neuen Trendsport mit Stöcken?
Für mich als Finne ist das eine ziemlich alte Sache. Bei uns haben die Langläufer das schon Mitte des letzten Jahrhunderts gemacht. Wie in Deutschland gibt es auch in Finnland im Sommer keinen Schnee. Da haben die Langläufer mit Stöcken trainiert, um sich für den Winter fit zu machen. Um die körperliche Belastung des Skilanglaufs zu simulieren, sind sie in schwieriges Gelände gegangen – sind im Sumpf oder im Gebirge gelaufen.

Nordic Walking ist also ein alter Hut, der gerade seinen Hype erfährt?
Im Prinzip ja. Man muss allerdings wissen, dass die Nordic Walker bis vor wenigen Jahren diese typischen schulterhohen Langlaufstöcke benutzt haben. Mitte der neunziger Jahre hat dann ein Landsmann von mir die tolle Idee ge-

habt, die Stöcke zu verkürzen. Die haben einen entscheidenden Vorteil gegenüber den langen: Man kann sie besser dem Gehrhythmus anpassen. So ist dann Nordic Walking als richtige Trendsportart entstanden. Und sie hat Finnland mittlerweile überrollt.

Haben Finnen eine andere Einstellung zum Sport als Deutsche?
Das kann man schon sagen. Wir sind naturverbundener als die Deutschen. Und viel unkomplizierter. In Finnland geht man einfach raus und macht irgend etwas. In Deutschland wird um den Sport immer so ein Wind gemacht. Dabei geht es doch nur um Bewegung, Bewegung, Bewegung – egal ob es Walking oder Jogging ist.

Viele Leute haben ein Problem, Walking mit zwei Stöcken als richtigen Sport zu akzeptieren.
Das liegt daran, dass die Menschen den Stock schon seit Urzeiten zum Gehen mitnehmen. Allerdings nicht, um sich fit zu machen. Der Stock diente der Erleichterung. Weil man damit mehr Muskeln bei der Fortbewegung einsetzen kann. Ich bin mir sicher, dass auch Ötzi mit einem Stock unterwegs war.

Was macht Nordic Walking dann so faszinierend – auch für einen Supersportler wie Sie?
Also ehrlich gesagt: Als mir zum ersten Mal vor einigen Jahren Nordic Walker

begegnet sind, da habe ich erst mal gelacht. Einige Zeit später hat mir dann ein deutscher Freund Nordic-Walking-Stöcke gegeben und gesagt: Das musst du unbedingt probieren! Ich bin dann mit den Stöcken in den Wald gegangen. Danach hatte ich einen richtigen Muskelkater. Ich dachte mir: Da muss ja wirklich was dran sein, an diesem Training. Ich habe Nordic Walking dann sehr bald in mein Trainingsprogramm eingebaut.

Woher kam der Muskelkater?
Mit Nordic Walking kann man sehr gut den Oberkörper mit einsetzen. Ich habe also beim Nordic Walking Muskulatur benutzt, die nicht so gut trainiert war.

Ein Manko, das alle Jogger und Radfahrer kennen: Der Oberkörper kommt zu kurz. Trainiert man den Körper mit Nordic Walking ähnlich effektiv wie beim Schwimmen?
Ja, aber nur solange man es richtig macht. Ich sage immer: Es reicht nicht, wenn man beim Spazierengehen Stöcke mitnimmt. Man muss effektiv die Armmuskulatur einsetzen.

Woher weiß man, dass man es richtig macht?
Es gibt eine Faustregel, die einem hilft, das herauszufinden: Beim Gehen ohne Stöcke braucht man zehn Minuten für einen Kilometer. Mit Stöcken sollte man dies in neun Minuten schaffen. Dann hat man die Stöcke effektiv eingesetzt.

Ein Tipp, worauf man als Anfänger achten sollte?

Da kann man eigenlich nicht viel falsch machen. Der Gehrhythmus beim Nordic Walking ist ein natürlicher Bewegungsablauf. Am besten läuft man erst mal los, lässt die Arme hängen und macht gar nichts mit den Stöcken. Dann fängt man an, die Arme im gleichen Rhythmus der Beine zu bewegen. Dann macht man immer größere Schritte und beginnt die Stöcke einzusetzen. Man sollte sich nicht verrückt machen, wenn man diesen Rhythmus nicht gleich findet. Nordic Walking ist in erster Linie ein Gesundheitssport. Es geht nicht nicht so sehr darum, wie man es macht, sondern dass man es macht. Nach 50 Metern kapiert eigentlich jeder, wie es funktioniert. Den Antrieb erreicht man, indem man die Hand streckt. Dabei kommt vor allem der Trizeps vom Oberarm zum Einsatz. Deswegen ist Nordic Walking auch ideal für Frauen und Männer, die gemeinsam trainieren wollen. Die Frau kann die Stöcke etwas vernachlässigen und vor allem die Beine trainieren. Und der Mann kann mehr den Oberkörper zum Einsatz bringen – den Bizeps wachsen lassen. Oberkörpertraining ist übrigens auch gut gegen Verspannungen, die man sich am Computer holt.

Gibt's auch eine gute Nachricht für Männer und ihre Problemzone Bauch?

Natürlich. Mit Nordic Walking tut man auch was für die Ästhetik.

Dennoch ist Nordic Walking für Sie in erster Linie ein Gesundheitssport?

Nordic Walking ist keine Wettkampfdisziplin. Sondern eher ein Sport, mit dem man sich für alle Sportarten in Form bringen kann. Weil man so viel Muskelmasse einsetzt. Idealerweise liegt der Puls zehn Schläge höher als beim zügigen Gehen. Man sollte danach das Gefühl haben: Ich habe etwas getan, ohne mich zu überanstrengen.

Bringt Nordic Walking etwas für Seele und Geist?

Klar, es macht glücklich – wie alle aeroben Sportarten. Durch den Sauerstoffüberschuss gerät das Gehirn in den Alpha-Zustand. Man wird kreativer und ist gut drauf.

Wie würden Sie das Nordic-Walking-Feeling beschreiben?

Es kommt ganz darauf an, was man daraus macht. Ich walke gerne mit meiner Freundin im Herbst, wenn noch zu wenig Schnee zum Skilanglaufen liegt. Dann nehmen wir die Stöcke und laufen zwei bis drei Stunden querfeldein durch die Wälder. Sie kennen das vom Skifahren: Natürlich geht man auf die Piste, um die Abfahrt zu genießen. Aber genauso wichtig ist das Ambiente, der Reiz der Gebirgslandschaft.

Gibt es ein ideales Gelände für Nordic Walking?

Es ist eigentlich ziemlich egal, wo man

walkt. Ich bin mir aber sicher, dass eine schöne Natur drumherum den Genuss verdoppelt. Ich habe es schon überall ausprobiert, zuletzt auf Wüstenboden in Ägypten. Sonst bevorzuge ich Wälder und Wiesen. Oder den Strand. Da geht es auch sehr gut. Asphalt ist vielleicht nicht so empfehlenswert. Aber dafür hat man ja jetzt diese speziellen Gummi-pads, die man auf die Stockspitzen aufsetzen kann.

Wie sieht das ideale Nordic-Walking-Training aus?
Man sollte mindestens eine halbe Stunde gehen. Wenn man das drei- bis viermal in der Woche macht, erreicht man schon zwei Drittel des optimalen Trainingseffekts. Und das Tolle an Nordic Walking ist, dass man sehr effektiv Fett verbrennen kann.

Sollte man einen Einsteigerkurs machen?
Echte Finnen können sich das sparen. Aber wer noch nie auf Langlaufskiern gestanden hat, sollte es sich durchaus überlegen. Anbieter findet man im Internet. Oder man fragt in einem Sportgeschäft nach. Oder man bucht bei Ihnen,

Bennie Lindberg besiegt Steigungen locker – im Vierradantrieb.

lieber Ulrich Strunz – Mallorca ist eine zauberhafte Nordic-Walking-Insel.

Hilft ein Kurs Verletzungen zu vermeiden?
Beim Nordic Walking kann man sich fast gar nicht verletzen – dank den Stöcken. Deswegen ist Nordic Walking ideal für Übergewichtige und Menschen, die Probleme mit ihren Gelenken haben. Ich kenne viele Leute, die unter Osteoporose und Rheuma leiden. Die können nicht joggen. Aber nordic walken. Kein Problem. Eine tolle Sache auch für ältere Menschen, die im Winter draußen unterwegs sein wollen. Die fühlen sich mit den Stöcken auf dem Eis viel sicherer. Nicht zu vergessen die Frauen, die nicht so gern allein in den Wald gehen. Die wissen, dass sie die Stöcke notfalls als Waffen einsetzen können.

Lassen wir mal den kriegerischen Aspekt beiseite – was sollte man sonst über die Stöcke wissen?
Es kommt vor allem auf die Länge an. Die sollte 70 Prozent der Körpergröße entsprechen. Der Oberarm sollte in einem 90-Grad-Winkel zum Unterarm angewinkelt sein, wenn man die Stöcke in der Hand hat.

Muss man sich unbedingt spezielle Nordic-Walking-Stöcke zulegen?
Das empfiehlt sich, weil die mit speziellen Schlaufen ausgestattet sind. Das ist sehr angenehm und man muss keine Handschuhe anziehen. Die Materialbeschaffenheit ist eigentlich nicht so von großer Bedeutung. Teleskopstöcke sind sinnvoll, wenn man sie zu zweit benutzt. Weil man sie unterschiedlichen Körpergrößen anpassen kann. Wenn man vorwiegend auf Asphalt läuft, sollte man keine Alu-, sondern Carbonstöcke verwenden. Die federn besser und schonen die Gelenke. Und: Kaufen Sie keine leichten Stöcke. Je schwerer die Stöcke, desto besser der Trainingseffekt.

Welche Schuhe empfehlen Sie?
Im Prinzip kann man jeden Schuh hernehmen. Joggingschuhe, Walkingschuhe, Wanderschuhe. Durch den Stockeinsatz werden die Gelenke sowieso 30 bis 40 Prozent weniger belastet als beim normalen Gehen.

Welche Schuhe sind ideal?
Walkingschuhe, wenn man auf hartem Untergrund läuft. Im Gelände sollte man Treckingschuhe benutzen.

Wie sollte man sich anziehen?
Die meisten Anfänger machen den Fehler, dass sie viel zu viel anziehen. Sie vergessen, dass man beim Nordic Walking viel mehr schwitzt als beim Spazierengehen. Mein Tipp: Führen Sie Buch über Ihr Nordic-Walking-Training. Schreiben Sie auf, wie warm es war und was Sie angehabt haben. Wenn Sie das ein paarmal gemacht haben, finden Sie das richtige Outfit für jedes Wetter.

Die Wunderpille

Kilos killen
mit Allradantrieb

Der ganze Körper schwingt. Man fliegt. Hat schon beinahe das Gefühl, unendlich leicht zu sein. Sie können mit Nordic Walking aber auch – ganz unromantisch – die Chemie Ihres Körpers verändern. Das sollten Sie, wenn Sie Ihre prallvollen Fettzellen satt haben. Und so geht es vielen in Deutschland. 67 Prozent der Männer, 56 Prozent der Frauen und jedes fünfte Kind. Wer abnehmen will, sollte mehr als 2500 kcal die Woche zusätzlich verbrennen, rät die Deutsche Adipositas-Gesellschaft. Und wenn das Walken mit Stöcken um 46 Prozent mehr verbraucht als ohne, verstehe ich nicht, warum kind/frau/man sie nicht längst schon in den Händen halten.

Ein bisschen Zahlen-Jonglieren

Ein 60-Kilo-Mensch verbrennt in zehn Minuten Walken 66 Kilokalorien. (Für jedes Kilo mehr können Sie ein bis zwei Kilokalorien mehr draufschlagen. Also ein 70-Kilo-Mensch verbrennt zwischen 76 bis 86 Kilokalorien.) Mit Stöcken verbrennt der 66-Kilo-Mensch: 96 Kilokalorien. Wenn er eine halbe Stunde nordic walkt, sind das 576 Kilokalorien. Das macht in der Woche 4032 Kilokalorien. Das ist die Menge, die ich Ihnen ans Herz lege, wenn Sie schnell und langfristig abnehmen wollen.

Die Sache mit
den Butterpäckchen

Walken Sie mit Stöcken und einem Lächeln, beim richtigen Puls im Sauerstoffüberschuss, dann verwandeln Sie Ihre Muskeln innerhalb von drei Monaten in Fett-aus-den-Fettzellen-saugende-und-dieses-verbrennende-Helferlein. Der Muskel ist das einzige Organ im Körper, das Fett verbrennt. Nur wenn Sie als Schreibtischtäter Ihren Muskeln keine Luft zum Atmen gönnen und sich die Bewegung auf 20 mal 30 Zentimeter Mousepad beschränkt, dann verkümmern sie.

Also schnappen Sie sich die Wunderstöcke.

Ich hab in Seminaren auf Mallorca mitbekommen, was passiert, wenn dicke Menschen, richtig dicke, anfangen, mit den Stöcken über den morgenbetauten Golfplatz zu walken. Man kann es sehen, wie Butterpäckchen wegschmelzen. Jeden Tag zwei bis vier. Würde Deutschland nordic walken, das gäbe mal einen für die Volkswirtschaft nützlichen Butterberg der Nation.

Übrigens: Dann könnten wir's auch Bayerisch Walken nennen … find ich auch hübsch.

Sie verlieren Ihr Schlankkapital

Da weder die Fettverbrennungsöfchen im Muskel, im Fachjargon Mitochondrien genannt, noch die Enzyme für die Fettverbrennung gebraucht werden, verschwindet die ganze Sippschaft im Laufe Ihres beruflichen Sitzlebens allmählich. Der Muskel verliert die Fähigkeit, Fette zu verwerten. Er bedient sich der Energietanks, die zwar begrenzt, aber einfach anzuzapfen sind. Er fristet sein Dasein von Kohlenhydraten in Form von Zucker, sprich Marmeladenbrötchen, Schokoriegel, Nudeln, Reis und was Sie sonst noch so über den Tag verteilt essen.

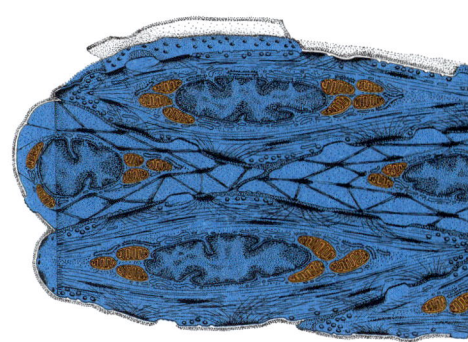

Muskelzellen mit den Fettverbrennungsöfchen (Mitochondrien – orange).

So setzen Sie auf die richtige Aktie

Durch jeden Schritt Nordic Walking lernen Ihre Muskeln wieder Fette zu verwerten – und den angelegten mittleren Ring einzuschmelzen.

Die fettabbauenden Enzyme kriechen aus ihrem Versteck. Werden aktiv und aktiver. Die Anzahl der Fettverbrennungsöfchen (Mitochondrien) vervielfacht sich und die Angriffspunkte an den Fettzellen nehmen zu. Mehr Enzyme können andocken, machen die Fettzellen löchrig und saugen sie aus.

Ihre Muskeln sind auch dann noch ganz scharf auf die lästigen Fettmoleküle, wenn Sie Ihre Stöcke längst in die Ecke gestellt haben und Sie, die Beine ausgestreckt, auf dem Sofa liegen.

Das kann den Rücken nur entzücken

Dutzende von Muskelpakete halten das Knochensystem zusammen. Stützen den Menschen und bewegen ihn. Millionen Deutschen aber schmerzt der Rücken. Die Hälfte aller 30-Jährigen leidet bereits unter degenerativen Veränderungen der Gelenke. Kaputten Knien, ramponierten Hüften. Jedes Kilo zu viel zerrt an Bändern, Sehnen, Gelenken und Knochen. Und jede Stunde im Stuhl auch. Sitzen Sie jeden Tag viele Stunden, den Körper zweimal unnatürlich im 90-Grad-Winkel geknickt, mit rundem Rücken und nach vorn gezogenen Schultern bei der Arbeit? Und? Wie oft zwickt das Kreuz, sagt Ihnen auf unfreundlich Art: *Dafür bin ich einfach nicht geschaffen?*

Der menschliche Körper möchte eigentlich laufen, rennen, springen und klettern. Darf er. Bis er sechs ist. Dann wird das lästige Rumgezappel aberzogen. Die Erinnerungen an den Schulsport tun ein Übriges: Wer einmal als nasser Sack am Reck hing (taten viele und tun heute immer mehr), legt den Begriff Sport in der Gehirnschublade unter »*etwas, damit ich mich blamiere*« ab. Der Bewegungsdrang wird also schon früh erstickt, bis noch so viel übrig ist, dass es gerade noch reicht für das Pendeln zwischen Kaffeemaschine und Schreibtisch, Kühlschrank und Fernseher.

Das Stützkorsett verweichlicht

Die Muskeln werden unter dem Gewicht der Kaffeetasse und der Miniaktivität an der Maus schwach, schlapp und immer weniger. Wenn Sie Ihr Stützkorsett namens Muskeln vernachlässigen, schrumpelt die aufrechte Haltung allmählich zu einem Fragezeichen mit Hohlkreuz und Buckel. Der Mensch leidet unter muskulären Verspannungen, Rücken- und Kopfschmerzen. Unzufriedenheit und Unwohlsein schleichen sich langsam ins Leben. Und dann meint man auch noch, den äch-

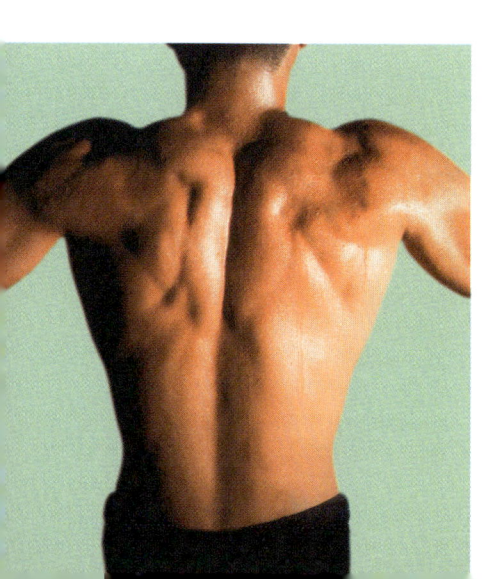

zenden und knirschenden und schmerzenden Bewegungsapparat schonen zu müssen. Oh mei …

Der Muskel in Zahlen

Der Mensch hat 640 Muskeln, 43 davon sind am häufigsten in Aktion: die Muskeln zum Stirnrunzeln. Die braucht man dann weniger, wenn man 576 andere bewegt, all die von Fuß bis Nacken, die Nordic Walking in Gang setzt. Wer in Bewegung bleibt, hat viel, viel weniger Sorgen – und setzt häufiger die 15 Muskeln ein, die die Tür zu anderen Herzen öffnen: ein Lachen.

Ca. 40 bis 50 Prozent des Körpergewichts sind pure Muskulatur. Jedenfalls sollte es so sein. Nur: Wer seine Muskeln nicht pflegt, sie nicht bewegt, gerade mal 800 Meter am Tag auf den Beinen verbringt, der verliert jedes Jahr ein Pfund von seinem Jugend- und

Schlankkapital. Und die Sorgenfalten wachsen und wachsen. (Na gut, dafür gibt's dann Botox.)

Die Sache mit den Bandscheiben

Was hält Ihre Bandscheibe zwischen den einzelnen Wirbeln? Feine kleine verschränkte Muskelzüge an der Wirbelsäule und die Bauch- und Rückenmuskulatur. Ist die schwach, rutscht der Puffer aus der Fassung und quetscht auch noch einen Nerv ein. Wie ernährt sich die Bandscheibe, wie bleibt sie schön saftig und jung? Ganz einfach: Bei Druck wird Flüssigkeit aus den Bandscheiben hinausgepresst, bei Entlastung wird Flüssigkeit mit Nährstoffen und

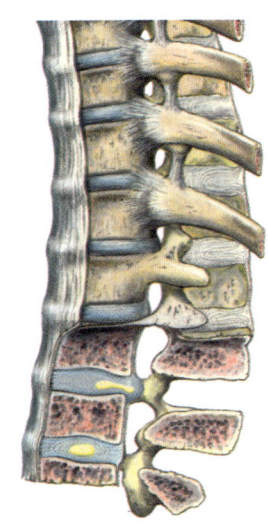

Sauerstoff hineingesaugt. Sie können sich das vorstellen wie bei einem nassen Schwamm, den Sie ausdrücken und der sich wieder mit Wasser vollsaugt. So werden die Bandscheiben ernährt. Und was machen Sie? Sie sitzen Ihre Bandscheiben platt. Sie drücken den Schwamm aus, ohne locker zu lassen, den ganzen Tag, tagein, tagaus. Sie dörren Ihre Bandscheiben systematisch aus. Nur, den Schwamm können Sie wegwerfen und einen neuen kaufen. Mit Ihren Bandscheiben geht das nicht. Bewegen Sie sich. Dann werden die Bandscheiben saftiger, kräftiger und belastbarer, das Muskelkorsett stabiler – und all das lässt Sie aufrecht durchs Leben gehen. Ohne Schmerzen.

Knochenarbeit

Auch die Knochen (Sie haben sieben Kilo davon im Körper), egal ob Wirbelsäule oder große Zehe, wollen bewegt werden. Jeder einzelne Knochen in uns braucht Bewegung, wie Sie die Luft zum Atmen. Dadurch, dass Ihre Muskeln bei jedem Schritt, den Sie tun, an Ihren Knochen zerren, wachen Sie auf, schützen sich und werden wieder fester. Sie bauen Knochenmasse auf und verbessern Ihre Mikroarchitektonik. Sie ziehen sozusagen neue Wände in das

morsche Gehäuse namens Knochen. Sie restaurieren das alte Gemäuer von innen und machen es wieder sicher vor Erdbeben und Stürmen und Osteoporose.

Wider dem Stiernacken

Mit jedem Nordic-Walking-Schritt wachen Ihre Muskeln wieder auf. Sie werden vom Muskelbesitzer zum Muskelbenutzer. Die Muskulatur im Rücken- und Nackenbereich wird gelockert, durchblutet und gekräftigt zugleich. Sie können Ihre Kopfschmerztabletten vergessen. Verspannungen im Nacken- und Schulterbereich – ausgelöst durch

Stöcke statt Pillen

In Finnland verabreichte man Frauen, die am Computer arbeiten und über Beschwerden im Schulter-Nacken-Bereich klagten, Stöcke statt Pillen. Und siehe da, die Beschwerden verschwanden bei über der Hälfte der Frauen und die Beweglichkeit der Hals- und Brustwirbelsäule verbesserte sich deutlich. Wenn Sie also zu dem Drittel der Bevölkerung gehören, das Probleme mit dem Kreuz hat, dann empfehle ich Ihnen: Fliegen Sie mit großen Schritten den Rückenschmerzen davon: Schwingen Sie die Nordic-Walking-Stöcke.

Lümmeln am Schreibtisch, Telefonhörer zwischen Kopf und Schulter, stundenlanges Starren auf den Bildschirm – lösen sich in Wohlgefallen auf.

Streicheleinheit für die Gelenke

In den USA ist Nordic Walking übrigens ein Trendsport. Man sagt dazu liebevoll »exerstriding« (altdeutsch: Übungsschreiten). Und weil man dort sehr neugierig ist und alles genau wissen will, hat man gleich mal die Stoßbelastungen im Bereich der Sprung-, Kniegelenke und der Wirbelsäule gemessen. Ergebnis: Im Vergleich zum Walking werden die beim Nordic Walking auftretenden Stoßbelastungen um bis zu 30 Prozent reduziert. Durch den Einsatz der Stöcke verteilt sich beim Nordic Walking die Belastung auf alle vier Extremitäten.

Autoweise entlasten Sie Ihre Gelenke

Die Stöcke entlasten jeden einzelnen Schritt um mindestens fünf Kilo. Was meinen Sie, was Ihr Knie dazu sagt? Ich nehme an: Ganz archaisch Japadapaduuuuu! Schon über die Strecke von einem Kilometer sparen Sie drei Tonnen Gewicht ein, das Ihre Gelenke nicht

mehr (er)tragen müssen. Nach einer halben Stunde Nordic Walking haben Sie Ihren Gelenken im Vergleich zum Walking eine Belastung von neun Tonnen erspart. Das entspricht dem Gewicht von vier PKWs.

Viel Bewegung ohne hohe Belastung. Das ist die Zauberformel für ein ewiges Leben der Gelenke. Wenn ein Gelenk nicht bewegt wird, bildet sich keine neue Gelenkflüssigkeit. Beim Nordic Walking werden Ihre Gelenke

Was Nordic Walking verhindern kann

Dass man zu den jährlich 100 000 Empfängern eines künstlichen Kniegelenkes zählt oder zu den 200 000, die jedes Jahr in Deutschland ein künstliches Hüftgelenk bekommen.

die Arme und die Beine beweglich, er rutscht spiegelglatt hin und her in der Gelenkschmiere. Arthrose heißt: Er ist rau. Nix rutscht mehr glatt. Es schmirgelt, und das tut ziemlich weh. Sitzt die Arthrose im Knie, ist jeder Schritt eine Tortur. Da möchte man am liebsten die Beine hochlegen. Sollte man tunlichst nicht tun. Heute verschreibt der Orthopäde auch bei Arthrose Bewegung, die den Knorpelstoffwechsel anregt. Natürlich steht Squashen oder Fußball nicht auf dem Rezept. Aber Rad fahren und Nordic Walking.

Das Knie

Ein hochsensibles Schanier hält Sie am Laufen. Bänder halten den Oberschenkel- und den Wadenknochen zusammen. Kreuzbänder stabilisieren das Ganze und die Menisken dienen als Puffer. Das ganze Konstrukt ist sehr verletzungsanfällig. Kniescheibe und Kontaktfläche der Knochen sind mit einer Schicht aus Knorpelzellen überzogen. Damit alles reibungslos gleiten kann. Wird diese Schutzschicht angegriffen durch Unfall, Krankheit, Verschleiß (Arthrose), schwillt das Knie an, versteift und tut ziemlich weh. Sanfte, schonende Bewegung – wie Nordic Walking – schmiert das labile Scharnier.

regelrecht »durchsaftet«, der Gelenkknorpel mit Nährstoffen durchflutet und gekräftigt. Besonders Neulinge und Übergewichtige profitieren von der Gewichtsentlastung. Der Bewegungsapparat kann sich langsam, schonend an die neue Belastung gewöhnen – und Überlastungen sind nicht zu befürchten.

Die Sache mit der Arthrose

Verschleißt der Knorpel, der wie ein Kissen zwischen den Gelenkflächen sitzt, nennt man das Arthrose. Dieser Knorpel macht

Der Stock lässt die Hormone tanzen

Mit dem Alter und den Kilos versiegen die Hormone. Der Mensch baut ab. Die Muskeln lagern Fettinseln ein, verweichlichen, verlieren Kraft. Die ersten Fältchen bahnen sich ihre Zeitspuren durch nicht mehr ganz so straffe Haut. Schuld ist der Mangel an Hormonen. Denn sie regulieren den Auf- und Abbau aller Körperstrukturen. Wenn Sie jetzt denken: *Na, dann kann ich ja nur zuschauen, wie es bergab geht!,* haben Sie mich falsch verstanden. Sie können nämlich an der Uhr drehen. Als gestresster Vielsitzer drehen Sie ja schon. Nur in die falsche Richtung. Ständig. Ohne es zu merken. Bis heute. Ab heute drehen Sie ganz einfach in die richtige Richtung. Drehen Sie Ihre Lebensuhr zurück. Bremsen Sie alt machende Hormone aus – und locken Sie die körpereigenen Jungbrunnen.

Diesen sensationellen Hormonumschwung, ernten Sie, wenn Sie regelmäßig zu den Stöcken greifen.

▶ **Adrenalin, der Stresshormonklassiker**
Es wird in den Nebennieren gebildet und erhöht Puls und Blutdruck, weitet die Pupillen, blockiert die Verdauung im Darm. All dies bereitet uns auf Flucht oder übermenschliche Kraftanstrengungen vor. Zu viel Adrenalin schlägt Kerben in die Adern, bereitet die Gefäße vor für Fettablagerung, Arteriosklerose, Verengung und Herzinfarkt. Nordic Walking macht Sie stressresistenter, lässt Adrenalin nur mäßig ansteigen. Es kommt nicht zu den gefährlichen Adrenalinspitzen. Zu viel an Adrenalin wird walkend abgebaut, verbrannt.

▶ **Cortisol, der Zerstörer**
Das schärfste Stresshormon sorgt bei Stress oder seelischer Dauerbelastung für ständigen Zuckernachschub. Es stimuliert die Neubildung von Zucker, genauer: Glucose aus Eiweiß, der Vorgang heißt Gluconeogenese. Dafür nagt der Körper Muskeln und Immunsystem an. Außerdem veranlasst

Cortisol vor allem die Fettzellen um den Bauch, möglichst große Energievorräte anzulegen. Das heißt, Stress macht einen dicken Bauch und feisten Nacken, auch Stammfettsucht genannt. Cortisol zerstört übrigens nicht nur das Immunsystem, sondern auch das Gehirn. Walker oder Jogger haben einen durchweg niedrigeren Cortisolspiegel als Untrainierte. Bewegung macht stressresistent. Die Nebenniere kippt dieses Hormon nicht ständig aus, wenn der Chef brüllt, der Termin drückt, das Finanzamt lauert.

▶ **DHEA, ein Jungbrunnen**

Ein Jungbrunnen in Ihrem Körper heißt Dehydroepiandrosteron, die Mutter der Sexualhormone. Denn aus DHEA entstehen z. B. Testosteron und Östrogen. Es stammt aus den Nebennieren und ist Gegenspieler von Cortisol im Hüftbereich. Denn es lässt die Pfunde schmelzen. Außerdem puscht es das Immunsystem zu Höchstleistungen, schützt das Herz und insbesondere das Hirn. Ein Mangel macht dick. Steigt der Cortisolspiegel, fällt der DHEA-Spiegel. Das passiert einem Nordic Walker nicht mehr. Trainieren Sie täglich 30 Minuten und Ihr körpereigener Jungbrunnen steigt messbar an.

Locken Sie die Gute-Laune-Botenstoffe

Endorphin, Serotonin, Noradrenalin und Dopamin heißen die Stoffe, aus denen die gute Laune ist. Und diese Stoffe werden beim Nordic Walken vermehrt ausgeschüttet und bewirken vor allem im Bereich des Limbischen Systems, dem Gefühlszentrum im Gehirn, dass sich ein Hochgefühl einstellt – und das Gefühl der Leichtigkeit des Seins. Die Bewegung an der frischen Luft löst ein Hormonfeuerwerk aus, das Sorgen vergessen lässt, den Kopf frei macht für Neues, entstresst und die Stimmung aufhellt. Und das ziemlich effektiv: An der Universtät von Oregon fand man heraus, dass Nordic Walking nicht nur schlechte Laune, sondern auch Depressionen vertreibt.

▶ **Eicosanoide, die Superhormone**

Sie schwimmen nicht wie andere Hormone im Blut, sondern vermitteln Informationen direkt von Zelle zu Zelle. Es gibt gute und schlechte Eicos. Und wie viel wir von der jeweiligen Fraktion im Körper haben, hängt davon ab, was wir essen. Ganz wichtig! Gute Eicos weiten die Blutgefäße, verbessern so die Sauerstoffversorgung und senken den Blutdruck.

Sie hemmen Entzündungen wie Rheuma und sensibilisieren Zellen für Hormonsignale, für Glückshormone genauso wie für Insulin. Sie puschen so den Fettabbau. Schlechte Eicos tun genau das Gegenteil. Jeder Schritt beim Nordic Walking verschiebt die Produktion, das Gleichgewicht in Richtung gute Eicosanoide.

▶ **Insulin, das Dickhormon**
Gelangt Zucker in die Blutbahn, produzieren die Langerhansschen Zellen in der Bauchspeicheldrüse Insulin. Es sorgt dafür, dass Zellen Zucker aufnehmen, und feuert die Verbrennung von Zucker an. Es hemmt den Fettabbau, sperrt Fett in den Fettzellen ein und wandelt überschüssigen Zucker in Fett um. Insulin ist der Grund, warum die Menschen in den Industrieländern dicker und dicker werden. Jeder Vierte leidet schon unter Insulinresistenz. Das heißt, die Zellen hören nicht mehr auf die Bot-

schaft des Insulins: »Zucker aufnehmen.« Und darum schwimmt immer mehr von diesem Fettspeicherhormon im Blut. Abnehmen wird unmöglich. Die gute Nachricht: Wer regelmäßig zu den Nordic-Walking-Stöcken greift, macht eine Insulinresistenz rückgängig und beugt so auch Diabetes vor.

▶ **Östrogene,
Boten der Weiblichkeit**
Die weiblichen Sexualhormone entstehen in den Eierstöcken und den Nebennieren und steuern Sexualität und Fruchtbarkeit. Genug Östrogen im Blut geht auch mit einer dichten Knochenmasse einher. Außerdem sorgt das Hormon für füllige Haarpracht, glatte Haut und guten Schlaf. Es senkt den Cholesterinspiegel und lässt Unterhautfettgewebe schmelzen. Nur: Zu viel Östrogen macht dick. Und das ist ein Teufelskreis. Denn unser Fettgewebe hängt nicht einfach nur lästig und schwabbelig an uns

dran, sondern produziert Hormone, Östrogene. Mit jedem Kilo mehr Fett steigt auch der Östrogenspiegel im Körper (mit ihm das Krebsrisiko), und das häuft noch mehr Fett auf Hüfte und Po. Was senkt den Östrogenspiegel? 1. Abnehmen. 2. Abnehmen. 3. Abnehmen. Dabei hilft Nordic Walking fast wie ein Zauberstab, es wirkt positiv auf den Östrogenspiegel – und senkt das Krebsrisiko.

▶ **Serotonin, das Glückshormon**
Es wirkt im Gehirn wie ein Antidepressivum – und wie ein Appetitzügler. Eine wahre Wunderpille. Da unser zweites Gehirn im Darm sitzt, hat es auch dort seine Funktion. Vielleicht haben Verliebte deshalb die Schmetterlinge im Bauch. Die Nebennieren basteln den wertvollen Gehirnbotenstoff

Wie Nordic Walken wirkt

In einer Studie von Porcari et al. 1997 walkten 32 Testpersonen mit und ohne Stock. Ergebnisse:
▶ VO_{2max} steigt um 23 Prozent stärker als beim Walken ohne Stock
▶ Die effektive Pulsrate erhöht sich um 16 Prozent.
▶ Der Kalorienverbrauch steigt um 22 Prozent, im Vergleich zu normalen Walkern.

aus dem Eiweißbaustein Tryptophan. Besonders dann, wenn Sie sich bewegen. Nordic Walking macht glücklich.

▶ **Wachstumshormon, stärkster Fettverbrenner**
Das Powerhormon mit den Namen HGH (Human Growth Hormon) oder Somatotropin kurbelt alle Vorgänge im Körper an, die mit Wachsen und Reparatur zu tun haben. So beeinflusst HGH das Muskel-, Knochen- und Fettgewebe. Das Wachstumshormon ist die stärkste fettverbrennende Substanz in Ihrem Körper. Es schmilzt Fett weg und lässt Muskeln wachsen. Repariert jede Zelle und verjüngt den Körper. Sie können es stimulieren, dann macht es Sie schlank und jung. Wie? Indem Sie täglich Nordic Walken. Und wenn Sie noch schlanker und noch jünger werden wollen: dreimal täglich! Die tägliche Ausdauerübung kurbelt langfristig die Wachstumshormonproduktion an. Direkt und über den Umweg, dass Fett wegschmilzt. Je weniger Fett Sie mit sich herumtragen, desto aktiver wird Ihre Hypophyse mit Ihrer Jungbrunnenproduktion.

▶ **Testosteron, das Antriebshormon**
Vom Hormon der Dynamischen,

der Menschen mit Ausdauer, Ehrgeiz und Jagdinstinkt, profitiert nicht nur der Mann, sondern auch die Frau, obwohl sie nur ein Zehntel der Menge bildet. Das Hormon der Agilen, der Siegertypen strafft die Haut, lässt Muskeln wachsen und macht Lust auf mehr, mehr Leistung, mehr Sport, mehr Sex. Und wie kommt man an mehr Testosteron? 30 Minuten Nordic Walking täglich schmelzen Fett weg und heben den Testosteronspiegel an. Ab Seite 104 finden Sie Übungen für ein Krafttraining. Zehn Minuten reichen, und schon schwimmt mehr Testosteron im Blut – wenn Sie zwischen den Übungen zwei bis drei Minuten Pause machen. Dann spüren Sie die Testosterondusche sofort.

Lust auf mehr Energie? Hoch mit dem VO_{2max}

Das wissen Sie: Je mehr Sauerstoff Sie aufnehmen, desto besser geht es Ihnen. Und je weniger, desto schlechter. Da oben auf dem Berg, in 4000 Meter Höhe, da können Sie erst einmal kein Dauerläufchen machen. Da sind Sie froh, wenn es mit einem Fuß vor den anderen klappt.
Und noch ein bisschen höher werden Sie ohnmächtig. Da ist die Luft nämlich ziemlich dünn. Da steckt wenig Sauerstoff drin.

Das wahre Fitnessmolekül
Also mit viel Sauerstoff geht es uns ganz gut, weil jede Zelle dieses Molekül braucht, um Energie zu

erzeugen. Und wie nehmen Sie mehr Sauerstoff auf? Das Fenster öffnen. Hmm. Eine Möglichkeit. Allerdings schwach in der Wirkung. Ein Besuch in der Sauerstoffbar. Nun, da sind Sie im Trend und 20 Euro los. Und haben für eine halbe Stunde statt 21 Prozent O_2 (Luft) 94 Prozent O_2 getankt – nur, ob es an Ihrer Zelle auch so ankommt, ist fraglich.

Ich kenn da was, das ist billiger – und effektiver und macht auch noch Spaß.

Das heißt: Bewegen.

Die prima Sache mit dem VO_{2max}

VO_2 sollte ab heute wichtig für Sie sein. Es ist das, was in Wahrheit zählt. VO_{2max} ist die ultimative Messgröße für Jugend, Fitness und Gesundheit. Noch nie davon gehört? VO_{2max} ist die maximale Sauerstoff-Transport-Kapazität Ihres Blutes, gemessen in Milliliter Sauerstoff pro Minute. Er sagt etwas über Ihr Fitnessniveau aus, gibt an, wie viel von dem angebotenen Sauerstoff Ihr Körper nutzen kann, wie ökonomisch er mit dem lebensnotwendigen Gas haushaltet. Je größer VO_{2max}, desto jugendlicher, desto leistungsfähiger, desto glücklicher sind Sie.

Wie kann man VO_{2max} messen? Durch eine Spiroergometrie beim

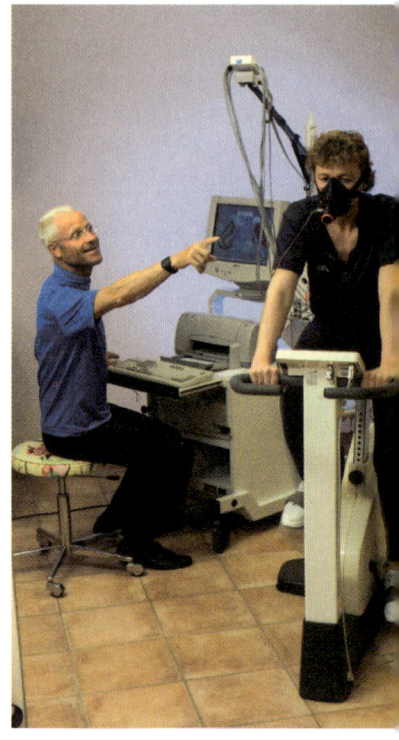

Maske auf, in die Pedale treten – und schon sieht der Arzt, wie fit man ist und wie effektiv man Fett verbrennt.

Arzt. Sie kennen diese Astronautenbilder: Sie tragen auf dem Fahrradergometer eine Atemmaske und aus eingeatmeten Sauerstoff und ausgeatmeten Kohlenstoff kann man errechnen, wie viel Kalorien, wie viel Fett Sie verbrennen. Wie leistungsfähig Ihre fettverbrennenden Enzyme sind. Zudem bestimmt der Arzt die maximale Sauerstoff-Aufnahme (VO_{2max}), das Maß für Jugendlichkeit und Fitness, Ihre Ausdauer und wie ökonomisch Ihr Herz-Kreislauf-System arbeitet. Und wie kann man seinen VO_{2max} erhöhen?

Ganz einfach: Nordic Walking macht's möglich.

KLEINE VORLESUNG

VO_{2max} ist die Summe von vielen Einzelfaktoren:

1. Größe der Lunge

Jemand, der viel sitzt, wie z. B. ein Büroarbeiter, hat 72 Prozent (vom Normwert), ein Sportler hat 120 bis 160 Prozent. Also pro Sekunde kommt bei Sportlern mehr Luft an die Lungenbläschen. Während der Büroarbeiter noch auf der zehnten Stufe keucht, ist der 160-Prozentler längst pfeifend im vierten Stock. Und lacht uns aus. Übrigens ein wirksamer Motivator für viele von uns – auch für mich.

2. Transportleistung des Blutes

Der Sauerstoff flutscht von den Lungenbläschen ins Kapillarblut, wird vom Hämoglobin, dem roten Blutfarbstoff, gespeichert und zu den Organen transportiert. Je mehr Hämoglobin, desto höher ist die Transportkapazität des Blutes und auch der VO_{2max}. Das wusste auch Skilangläufer Johann Mühlegg …

3. Stoffwechselkraft der Muskeln

In der Zelle, z. B. der Muskelzelle, übernimmt Myoglobin, der rote Muskelfarbstoff, den Sauerstoff und gibt ihn an die Kraftwerke der Zelle, zu den Mitochondrien, weiter. Je mehr Myoglobin, je mehr Mitochondrien, desto besser, desto besser die Energiegewinnung und Ihr VO_{2max}, desto leistungsfähiger, ausdauernder, energiegeladener sind Sie.

▶ VO_{2max}-Ranking: Ein Bewegunsgmuffel verwertet in Ruhe 150–300 ml/min O_2. Und wenn er sich anstrengt: 3000 bis 4900 ml/min O_2. Auch der Sportler verbraucht in Ruhe 330 ml/min O_2. Aber unter Belastung: 7000 ml/min.

▶ Im Alter immer weniger?

Mit 60 hat der Mensch ein Drittel bis ein Viertel seines VO_{2max} eingebüßt – wenn er sich nicht bewegt.

Der erste Versuch

EIN ERFAHRUNGSBERICHT VON STEPHAN SEPP

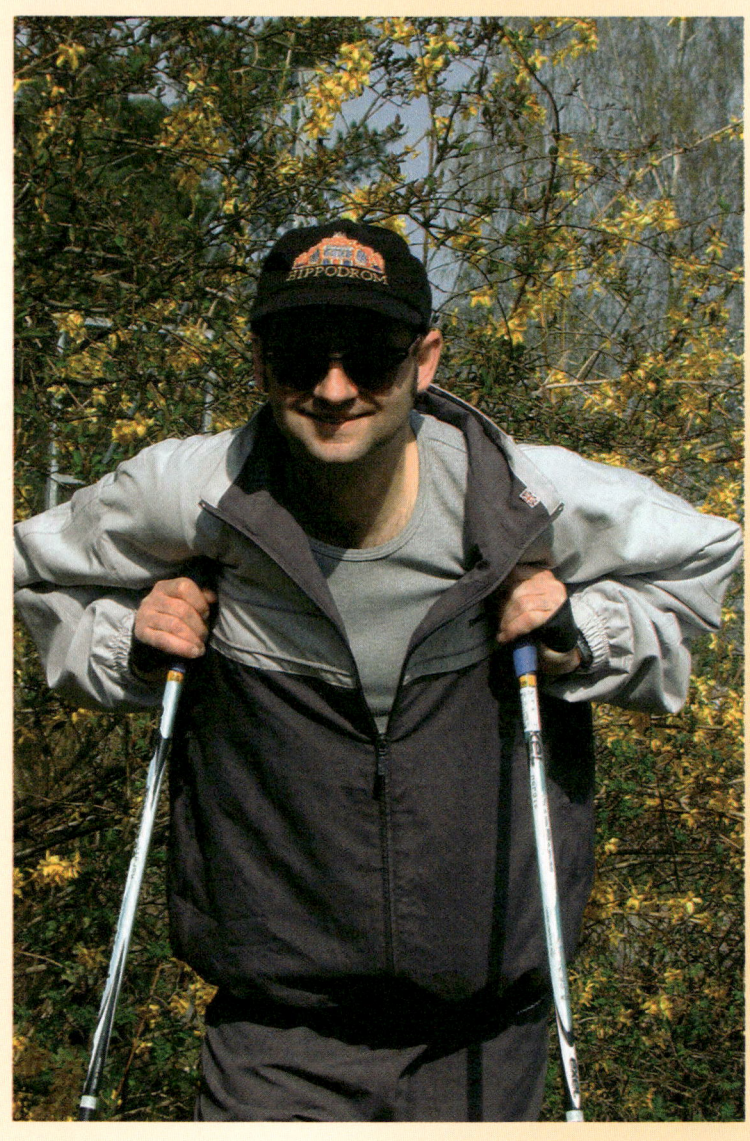

Das passiert, wenn ein Münchner Kultur-Autor die Stöcke testet.

Da stehen sie nun, die Stöcke aus der Karstadt-Outdoor-Abteilung. Seit Wochen unberührt, mit Tesaband umwickelt, sogar das Preisschild baumelt noch dran, harren sie in meiner Garderobe neben dem Regenschirm der Dinge, die da einfach nicht auf sie zukommen. Und sie sorgen für Verwirrung. »Skistöcke?«, fragte mein Bruder, als er zu Besuch war. »Ein bisschen dünn für Skistöcke«, sagte ich. »Langlaufstöcke?«, wollte mein Bruder wissen. »Ein bisschen kurz für Langlaufstöcke«, sagte ich.

Mittlerweile könnte ich im Fernsehen auftreten. Als Quizmaster: Wir spielen »Heiteres Sportartenraten«. »Macht man das im Winter?«, fragen meine Gäste. »Nein«, sage ich und darf fünf Euro in mein Sparschwein stecken. Ziemlich lustig das Ganze. Lustig vor allem für den, der die Fragen stellt. Mein Neffe Kevin war der Letzte in meinem Haus. »Was willst du damit anstellen?«, fragte er mich. »Laufen, unten im Park«, sagte ich. »Und dazu brauchst du Stöcke?«, fragte Kevin. »Angeblich macht das sehr viel Spaß. Und gesund ist es auch«, sagte ich. Kevin grinste. »Warum steigst du nicht mit Rollschuhen auf das Matterhorn? Das macht auch Spaß.« Kevin ist zweiundzwanzig. Ein Altersgenosse dieser jungen Kalifornier, die zur Zeit den Masochismus im Fernsehen zur

Kunstform erheben. »Jackass« heißt ihre Sendung auf MTV. Da springen die Kerle mit Fahrrädern in Jauchegruben und packen Flusskrebse in ihre Unterhosen. Oder sie blamieren sich lustvoll in der Öffentlichkeit. Sie gehen splitternackt im Supermarkt einkaufen. Sie verkleiden sich als Penner und essen Schokopudding aus Windeln in der Warteschlange an einer Bushaltestelle.

Eigentlich sollte mich Kevin bewundern. Sich als Geher mit Stöcken unter ein Heer von dynamischen Joggern zu mischen erfordert mindestens genauso viel Mut, wie in Frauenkleidern den Sunset Boulevard auf und ab zu laufen.

Wer geht schon freiwillig …

mit Stöcken auf die Straße? Kranke, Fußlahme, Greise, Käuze und Einsiedler. Anti-Helden. Helden dagegen tragen Messer, Pistolen und Gewehre. Oder Schwerter. Asterix und Siegfried haben Schwerter. Methusalix und Rübezahl sind mit Stöcken unterwegs.

Natürlich gibt es Ausnahmen. Seit die Menschheit ihre Kriege in die Sportarenen verlegt hat, besinnen sich auch vereinzelte Helden auf den Stock. Skirennläufer brauchen Stöcke, um bei schneller Abfahrt das Gleichgewicht zu halten. Oder Langläufer. Die nutzen die Stöcke als Turbolader und verschaffen sich damit den nötigen Schub. Aber mit Stöcken gehen? Da könnte man genauso gut in einem Ferrari mit einem Rollstuhlmotor über den Nürburgring zuckeln.

Ich könnte mir es leicht machen …

als Nordic-Walking-Tester. Ich könnte in die Berge gehen, in die Wälder, in die Felder. Ich könnte es den Erfindern von Nordic Walking nachmachen, den Finnen: Die walken am liebsten in einsamer Natur, fernab der Zivilisation. Aber ich will den Test unter realistischen Bedingungen. Ich lebe in einer Großstadt. Und was nützen mir die Stöcke, wenn man Nordic Walking nicht im Park, auf Spazierwegen oder auf dem Asphalt betreiben kann?

Also gebe ich mir den letzten Ruck. Ich nehme die Stöcke und schleiche mich heimlich aus dem Haus. Eigentlich wollte mich meine Freundin begleiten und mich fotografieren. Wie alle Frauen hat sie ein Faible für Männer, die sich lächerlich machen. Aber es ist Samstag, um acht Uhr morgens. Und sie schläft noch.

Ich beginne den Test auf dem Gehsteig

Ich stecke die Gummipads auf die Stockspitzen und laufe los. Wie es funktioniert, hat mir der Verkäufer im Sportgeschäft erklärt: Die Stöcke zwischen Daumen und Zeigefinger nehmen und bei jedem Schritt nach vorne pendeln lassen. Und Arme und Beine immer diagonal bewegen. Das heißt, linkes Bein und rechter Arm nach vorne und dann rechtes Bein und linker Arm. Ist nicht schwer. Nach zwanzig Metern habe ich den Bogen raus. Allerdings spüre ich sofort den spezifischen Fitness-Effekt von Nordic Walking: Meine untrainierten Arme sind viel träger als die Beine. Ich muss sie wie ein Hampelmann nach oben reißen. Und das macht ordentlich Dampf unter meinem T-Shirt. Ich bin erst 100 Meter gelaufen und mache meine Jacke auf.

Nach einem Kilometer habe ich den Park erreicht. Ich nehme die Gummipads ab und laufe mit blanker Spitze auf dem Kiesweg. Geht ganz gut. Aber es geht noch besser, wenn ich neben den Wegen auf der Wiese laufe. Da kriegen die Stöcke einen besseren Halt und ich mehr Spaß beim Laufen.

Jetzt versuche ich bei jedem Schritt mein Körpergewicht auf die Stöcke zu verlagern, um meine Arme mehr zu fordern. Ich stelle mir vor, ich bin eine

Katze, die auf vier Beinen durch die Gegend streicht. Mein Körper bewegt sich mit Four-Wheel-Drive.

Ich fühle mich wie im Rausch

Und ich bin schnell. Ich bin der rasende Siebenmeilenstiefel-Läufer aus den Lügenmärchen von Baron Münchhausen. Ich düse, düse im Sauseschritt, lasse die Spaziergänger hinter mir und bin auf gleicher Höhe mit gemächlichen Joggern. Was die sich von mir denken? Ist mir egal. Kennt mich ja keiner. Keiner außer Jens, mein alter Kumpel aus der Schule. Ausgerechnet Jens, das alte Schandmaul. Sein Collie wäre fast mit meinen Stöcken kollidiert. Und jetzt kommt doch noch alles raus. Jens wird mich verraten. Er wird mir Haselnussstöcke andichten, wie sie sich Rentner in den Andenkenläden am Tegernsee kaufen. Er wird mich zum Gespött der Stadt machen. Und er hat schon wieder dieses überhebliche Grinsen im Gesicht. »Hast du schon gesehen?«, sagt Jens, »meine neuen Laufschuhe. Kosten 100 Euro. Damit läufst du wie auf Watte.« Blöder Typ, der Jens. Da macht man mal was richtig Abgefahrenes im Park. Und was macht er? Interessiert sich nur für seine doofen Treter.

Mit diesem achtbeinigen Gespann walkt es sich noch mal so gut.

Was brauchen Sie?

Ausrüstung und Technik

▶ Natürlich ist da das Paar Stöcke, das Sie sich zulegen müssen. Die alten Skistecken tun's nicht. Ab der folgenden Seite finden Sie alles Wissenswerte über den Zauberstab für die Gesundheit.

▶ Das was Sie an den Füßen tragen, wenn Sie durch die Wälder fliegen, spielt natürlich auch eine Rolle. Seite 50 lesen Sie, warum es erst einmal der alte Latschen tut. Und wenn Sie dann doch auf den Spuren des richtigen Schuhs tappen, finden Sie auf den folgenden Seiten Anleitung für Ihren Einkauf.

▶ Kleider machen Walker. Was Sie durch Wind und Wetter bringt, finden Sie ab Seite 59. Damit der gute Fitness-Vorsatz nicht in der Umkleidekabine endet.

▶ Auf Seite 64 startet die Anleitung zum Fliegen. Lesen Sie, wie Sie einen Fuß vor den anderen setzen. Und dazu perfekt mit den Flügeln, äh Armen, schwingen.

Auch wenn der Berg ruft, sollten Sie die Technik beherrschen. Wie's geht steht auf Seite 68.

▶ Sie wissen: Aus Fehlern kann man lernen. Das sollten Sie früh tun, damit sich die Fehler nicht in Ihrem Gehirn einprogrammieren – und Ihre Technik fürs Leben versauen. Fehlerausmerzstrategien finden Sie ab Seite 70.

Der Zauberstab für die Gesundheit

Der kleine, aber fettpölsterchenversetzende Unterschied: Der Nordic-Walking-Stock. Er macht Walker zu Nordic Walkern. Den Power-Spaziergang zum effektiven Ganzkörpertraining. Es ist ein Zauberstab. Mit Stock verbrennt der Nordic Walker 46 Prozent mehr Energie als der stocklose Walker. Der Stock schickt den Puls in die Höhen, in welchen auch effektiv Fett verbrannt wird. Und er erhöht die Sauerstoffversorgung jeder einzelnen Zelle im Vergleich zum Walking um 20 Prozent. Der VO_{2max}, der die allgemeine Fitness misst, steigt um 23 Prozent. Beim Nordic-Stock handelt es sich nicht um einen herkömmlichen Ski- oder Wanderstock. An ihn werden ganz andere An-

forderungen gestellt. Er muss:

▶ **Stützen.** Damit Sie in Balance bleiben und Ihre Gelenke entlasten.
▶ **Führen.** Damit Sie sich mit den Armen abdrücken können und der Stock nicht umherpendelt.
▶ **Dämpfen.** Damit Ihre Gelenke keine schädlichen Stöße abbekommen.

Zeitreise ins Finnland der 50er Jahre

Skilangläufer langweilten sich im Sommer, wollten nicht auf den Schnee warten. Sie schnappten sich einfach ihre Stöcke und machten einen »Skigang«. Der bestand aus Sprung- und Laufelementen und war höllisch anstrengend. Denn Langlaufstöcke waren lang und verlangten eine schwierige Technik. Die in den 50er Jahren üblichen Alustöcke übertrugen die Vibrationen beim Stockeinsatz direkt auf Hand-, Arm- und Schultergelenke. Was weh tat. Das heute übliche Handschlaufensystem von Nordic-Walking-Stöcken, das die Armmuskulatur entlastet, war damals noch nicht erfun-

den. Deswegen konnten sich nicht so richtig viele für den neuen Sport begeistern.

Carbon oder Teleskop

High-Tech-Material schont Gelenke

Den rettenden Einfall hatte der finnische Stockhersteller Exel: ein Stock, hergestellt aus Carbonfasern, der den ermüdenden Skigang zum federleichten Nordic Walking machte. Carbonfasern sind unter Luftabschluss verkohlte Cellulosefasern. Eingegossen in Epoxidharze, hält der Werkstoff hohe Temperaturen aus, ist leicht und hat eine enorm hohe Zugfestigkeit.

Ideal fürs beschwingte Walken am Stock, aber auch für moderne Geigenbögen oder schicke Autokarosserien.

Der Carbonstock

Einst als Skistock aus Bambus kommt der moderne und gute Nordic-Walking-Stock heute also im Carbon-Glasfaser-Gewand daher. Er ist elastisch, leicht, stabil, schwingungsarm und langlebig. Mit diesen Stöcken können Sie große Sprünge machen, ohne Angst zu haben, dass sie kaputt gehen. Auf dem Markt sind auch noch die Aluminium-Vorgänger. Die sind allerdings aus genannten Gründen wenig empfehlenswert.

Einkaufshilfe im Sportfachgeschäft
Optimale Länge
Für die optimale Länge gibt es eine Faustregel: Körpergröße multipliziert mit dem Faktor 0,7. Sie erhalten dann Ihre individuelle Stocklänge in Zentimetern. Sie sind ein schlechter Kopfrechner und beim Kauf ist kein Ta-

schenrechner aufzutreiben? Dann stellen Sie sich aufrecht hin und nehmen den Stock in eine Hand, so dass er gerade auf dem Boden steht. Mit der Hand am Griff sollte der Ellenbogen einen 90-Grad-Winkel bilden.

▸ **Für Fortgeschrittene gilt:** Längere Stöcke (5–10 cm) intensivieren die Armarbeit.

▸ **Für Einsteiger gilt:** Kürzere Stöcke (5–10 cm) erleichtern den Einstieg in die Technik.

Nahtlos oder Teleskop?

Wenn Sie im Gelände richtig loslegen wollen, empfehle ich nahtlose Stöcke. Bei 4000 bis 5000 Stockeinsätzen pro Arm und Trainingseinheit kommt schon eine ganze Menge an Vibrationen an Ihrem Arm an. Das können Teleskopstöcke nicht abfangen. Nur wenn Sie eher der gemächliche Typ sind, tun es verstellbare Teleskopstöcke auch. Die haben den Vorteil, dass Sie sich an das Gelände gut anpassen können. Wenn es steil wird, können Sie die Stöcke verkürzen oder auch mal im Rucksack verstauen. Allerdings sind die Stöcke nicht so stabil und vibrationsarm wie die nahtlose Version. Teleskopstöcke haben selten ein gutes Handschlaufensystem und schränken somit den natürlichen Arm-Stock-Einsatz ein.

Alles im Griff

Das Griff-Schlaufen-System ist eine weitere Nordic-Walking-eigene Erfindung. Das System macht Sie zum Herrn über den Stock und überträgt Ihre Kraft optimal auf die Carbonfasern. Die Handschlaufen machen Ihnen das kontinuierliche Greifen, Loslassen, Greifen, Loslassen leicht. Ihre Nackenpartie geht mit diesem Rhythmus mit, spannt sich an, entspannt sich, bleibt so ganz locker. Der Griff muss gut in der Hand liegen, sollte aber keine starke Riffelung haben. Das verpasst bei längeren Walking-Touren nur schmerzhafte Blasen. Die Schlaufe darf die Hand nicht einschnüren, weil das die Durchblutung blockiert. Sie muss stufenlos einstellbar und mit einem Klettverschluss versehen sein.

Spielen Sie nicht Dagobert

Jedenfalls nicht, wenn es sich um Ihre Gesundheit handelt. Besorgen Sie sich gute Stöcke. Die einmalige Investition von 80 bis 100 Euro zahlt sich schnell wieder aus. Mit guten Stöcken lernen Sie die Technik auch schneller. Lassen Sie sich in einem guten Sportfachgeschäft beraten.

Stock-Accessoires

▶ Gummipads: Die Stöcke besitzen eine Metallspitze für Feld-, Wald- und Wiesen-Walker. Städter, die auf Asphalt und hartem Untergrund trainieren, können Gummipads auf die Stockspitzen aufstecken. Das gibt Halt auf der Straße und dämpft. Die Gummipads sollten fest auf der Stockspitze sitzen und schwer abziehbar sein. Sonst dürfen Sie mit Ihrer Familie eine Suchaktion starten oder müssen sie nachkaufen.

▶ Neue Spitzen: Die Stockspitze kann man auch austauschen. In den Werkzeugkoffer greifen, einen Schraubenzieher herausziehen, damit den Clip anheben und anschließend die Spitze entfernen. Dann die neue Spitze aufsetzen und einfach einklicken. Bei verschiedenen Modellen ist die Spitze mit einem Heißkleber fixiert. Der kann durch Aufwärmen in heißem Wasser entfernt werden.

Man braucht erst Mal nur einen alten Latschen ...

Was Sie zum Loslegen brauchen, sind lediglich ein Paar Lauf- oder Walkingschuhe. Nur: Da baut sich vor Ihnen eine gigantische Hürde auf. Sie müssen bloß ins Schaufenster vom Sportfachgeschäft gucken und sind verwirrt. Welches nur sind die richtigen Schuhe? Sie haben schon recht, erst muss die Ausrüstung tiptop passen und bis man den richtigen Schuh für seinen Alabasterfuß findet, sind wieder zwei Monate vergangen. Zwei Monate Ihrer kostbaren Zeit. Hierzu eine Bemer-

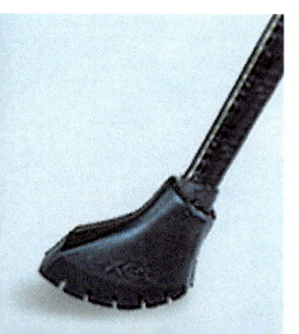
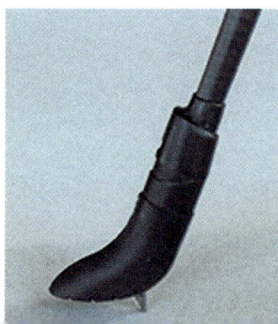

kung am Rande: Ich kenne Läufer, Leichtathleten, die einen Teil Ihres Trainings barfuß absolvieren. Mit anderen Worten: Auch irgendwelche alten ausgedienten Turnschuhe aus Jugendzeiten, von denen Sie sich noch nicht trennen konnten, sind für die ersten Versuche tauglich. (Haben Sie die vergessen? Oder haben Sie insgeheim noch Hoffnung gehabt, in Ihre sportliche Karriere wieder einzusteigen?)

Die List, die keine ist

Manch einer versucht sich durch den Kauf eines teuren Paars Schuhe zu überlisten. Mit den Gedanken: *Wenn ich gezahlt habe, muss ich ja was tun.* Genau diesem Irrtum erliegen die Fitnesstudiogänger, die ihren Jahres- oder Halbjahresbeitrag im Voraus hinblättern, auch. Dieser Trick hält leider nicht allzu lange vor. Die Fitnessstudiobesitzer wissen das und machen daraus ein lukratives Geschäft. Denn wenn alle Mitglieder aktiv wären – Sie zahlen ja auch schließlich jeden Monat teures Geld –, würde das Studio wohl aus allen Nähten platzen. Machen Sie es anders: Entscheiden Sie sich, ob Sie von einem besseren Leben träumen oder Ihren Traum leben wollen. Haben Sie sich entschieden? Dann rede ich jetzt weiter.

… und dann der sinnvolle gute Schuh

Natürlich ist es sinnvoll, in einem guten und angenehmen Schuh zu laufen. Schließlich sind wir ja fast mit Schuhen auf die Welt gekommen. Mit jedem Schritt treten beim Walking Stoßkräfte vom 1,5-fachen, beim Laufen sogar vom 2- bis 3-fachen des Körpergewichts auf. Über eine Strecke von 10 km, für die Sie ca. 9000 Schritte benötigen, summiert sich das auf eine Gesamtbelastung von ca. 1000 Tonnen, die Ihre Knochen einstecken müssen. Die Stöcke entlasten Ihre Füße bei jedem Schritt um 30 Prozent, das mindert das Verletzungs- und Verschleißrisiko Ihrer Gelenke, Bänder und Sehnen.

Trailschuhe sind Schuhe für alle Bedingungen, für schlammige Wege, Neuschnee, Wanderwege im Gebirge bis hin zu Geröllpisten in der Wüste Gobi. Gönnen Sie Ihren Trailschuhen auch ein paar solcher Erlebnisse.

Schuhe kaufen, das ist schwer …

Jeder Mensch hat seine Eigenheiten, und das fängt unten an den Füßen an. Sie brauchen also einen auf Ihre eigenartigen Füße maßgeschneiderten Schuh – nur, wie findet man den unter tausenden von Modellen. Der teuerste High-Tech-Schuh bringt nichts, wenn er nicht passt.

Die Fuß- und Laufanalyse

Gute Laufshops und Sportgeschäfte mit einer großen Laufschuhabteilung nehmen Ihre Füße und Ihren Laufstil genau unter die Lupe, bevor sie Ihnen zu einem bestimmten Modell raten. Sie laufen auf dem Laufband, und das wird per Video aufgezeichnet. In Zeitlupe kann man dann ganz gut Besonderheiten im Abrollverhalten der Füße erkennen.

Haben Sie schon leichte Beschwerden mit Ihren Füßen? Dann suchen Sie auf alle Fälle einen »sportlichen« Orthopäden auf. Am

Ein guter Schuh unterstützt den Fuß und reduziert die Belastung noch einmal. Wenn Sie bereits Läufer oder Walker sind und das Thema Schuhe schon abgehakt haben, können Sie mit Nordic Walking gleich loslegen. Ihre Lauf- und Walkingschuhe sind bestens geeignet.

Wenn Sie befestigte Wege bevorzugen, reichen normale Laufschuhe vollkommen aus.

Der Schuh für Abenteurer

Wenn Sie eher Erkundungsausflüge machen wollen und querfeldein unterwegs sind, sollten Sie sich Trailschuhe mit ausgeprägten Profilsohlen und festem, eventuell wasserdichtem Obermaterial zulegen, damit Sie nicht in der nächsten Pfütze ausrutschen und mit aufgequollenen Füßen nach Hause kommen.

besten, Sie fragen schon bei der Anmeldung am Telefon, ob der Herr Doktor ein Läufer, Walker oder Radfahrer ist. So ein Arzt weiß aus eigenen Erfahrungen, was für Sie wichtig ist. Sie werden nicht Gefahr laufen, eine Antwort zu bekommen wie: »*Sie sind zum Laufen nicht geeignet, weil …*« Er wird Ihnen Alternativen und Lösungen aufzeigen. Er kann Fußfehlstellung, Hüftschiefstand und andere Haltungsschäden, die übrigens weit verbreitet sind, richtig einschätzen. Wenn nötig, Einlagen verschreiben und Ihnen wertvolle Tipps für den Schuhkauf geben. Wenn Sie gesund und munter sind, kein Übergewicht haben, dann können Sie sich belesen auf die Socken machen und in einem guten Fachgeschäft Ihren Schuh kaufen.

KLEINES SCHUHLEXIKON

▶ **Fersenkappe** — Stützteil aus Kunststoff oder Leder, das in den hinteren Teil des Fußes eingearbeitet ist.

▶ **Mittelfuß** — Fußbereich, der das Fußgewölbe und den äußeren Fußrist zwischen Ballen und Ferse betrifft.

▶ **Leisten** — Die Form, über die ein Schuh gebaut wird. Der Leisten entscheidet über die Passform des Schuhs. Ein gerader Leisten verringert ein Abknicken des Fußes nach innen. Der gebogene Leisten verleiht dem Schuh Flexibilität und ist für Normalfüßler geeignet.

▶ **Pronation** — Einknicken des Fußes in der Stützphase. Leichtes Einknicken ist normal und dient der Stoßabsorption.

▶ **Rückfuß** — Fußbereich der Ferse

▶ **Supination** — Der äußere Fußrand kippt beim Abdrücken des Fußes vom Boden nach außen. Am Schuh ist meist der Außenrand der Sohle im Vor- und Mittelfußbereich abgelaufen.

▶ **Vorfuß** — Fußbereich der Ballen und Zehen

▶ **Zwischensohle** — Sohlenmaterial, auf das unten die Außensohle aufgeklebt wird und auf dem oben der Schaft aufsetzt. Hier werden Dämpfungssysteme und Stützelemente eingebaut.

Auf welchen Füßen laufen Sie denn?

Testen Sie, mit welchen Füßen Sie durchs Leben gehen. Stellen Sie sich mit nassen Füßen auf einen wassersaugenden Untergrund, der einen Fußabdruck hinterlässt. Sie können zum Beispiel eine Fußanalyse auf dem Terracotta-Boden Ihrer Terrasse machen. Nur nützt es nichts, wenn Sie Ihre Füße im Wasser baden, quer durchs Haus laufen und trockenen Fußes auf der Terrasse ankommen. Packen Sie also Wassereimer und dieses Buch und gehen Sie auf die Terrasse. Wenn Sie keine Terracotta-Terrasse haben, tut es auch ein großes Löschblatt. Also: Fuß nass machen. Draufstellen, mit den untenstehenden Bildern vergleichen. Ordnen Sie sich einem Fußtyp zu.

Normalfuß

Beim Normalfuß macht der Abdruck Vor-, Mittel- und Rückfußbereich sichtbar. Die Innenseite des Mittelfußes ist ausgespart.
Der Normalfüßler setzt den Fuß mit der Außenseite der Ferse auf und rollt dann nach innen über den Großzehenballen ab. Ein leichtes Einknicken des Fußes nach innen beim Abrollen ist normal und dient als natürlicher Stoßdämpfer. Das wird auch natürliche Pronation genannt.
Als Normalfüßler brauchen Sie keine speziellen Stütz- oder Führungselemente im Schuh.
Die Leiste: leicht gebogen
Schuhkategorie:
Laufschuhe mit ausreichender Stabilität.

Senkspreizfuß

Beim Senkspreizfuß kann das

Fußgewölbe von den Muskeln und Bändern nicht mehr gehalten werden. Ihn erkennt man an seinem breiten vollständigen Abdruck. Senkspreizfüße knicken beim Abrollen nach innen ab (Überpronation). Als Senkspreizfüßler achten Sie auf Stabilität im Schuh.
Die Leiste:
gerade oder leicht gebogen
Schuhkategorie:
Laufschuhe mit fester Zwischensohle und Pronationsstütze.

Hohlfuß

Beim Hohlfuß ist das Fußgewölbe zu stark ausgeprägt. Der Fuß

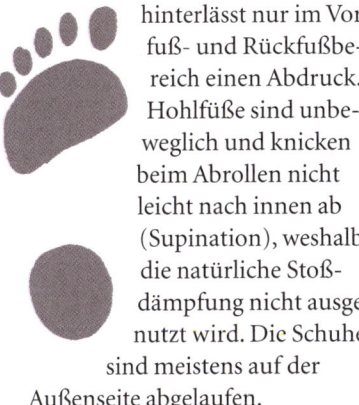

hinterlässt nur im Vorfuß- und Rückfußbereich einen Abdruck. Hohlfüße sind unbeweglich und knicken beim Abrollen nicht leicht nach innen ab (Supination), weshalb die natürliche Stoßdämpfung nicht ausgenutzt wird. Die Schuhe sind meistens auf der Außenseite abgelaufen.

Die Leiste:
gebogen
Schuhkategorie:
Laufschuhe mit guter Dämpfung und Flexibilität, eventuell auch Supinationsstütze.

Nun bestimmen Sie die Schuhkategorie

Wenn Sie Ihren Fußtyp bestimmt haben, ordnen Sie sich jetzt in eine Schuhkategorie ein.

Ein Schuh mit Dämpfung und Flexibilität

Im Fersenbereich sind bei den meisten Herstellern Dämpfungssysteme eingebaut, die mit Luft, Gelkissen oder bestimmten Schaumstoffkombinationen arbeiten. Gut gedämpfte Schuhe haben eine weiche Zwischensohle und sind auf leicht oder stärker gebogenen Leisten gebaut. Sie forcieren dadurch die Bewegung des Fußes nach innen und bieten geringe Stabilität auf der Schuhinnenseite. Sie sind geeignet für Unterpronierer (Supenierer), deren Füße steif und unbeweglich sind. Auch Hohlfußläufer und Normalfußläufer, die keine zusätzliche Stütze auf der Innenseite des Schuhs benötigen, können diesen Schuh laufen. Wenn Sie ein typischer Straßen- und Bürgersteigläufer sind, unebenes Gelände meiden und normalgewichtig sind, ist dieser Schuh der richtige. Als Crossläufer, Überpronierer oder Senkspreizfußläufer suchen Sie sich einen anderen Schuh.

Ein Schuh, der Fehlstellungen korrigiert

Während der Belastung muss der »Stabilitätsschuh« die Überpronation einschränken. Hierfür sorgen eine gerade Leiste, auf der der Schuh aufgebaut ist, und spezielle Stützelemente, die auf der Schuhinnenseite in die Zwischensohle eingearbeitet sind. Oft sind diese Schuhe schwerer, aber dafür auch haltbarer. Sie sind geeignet für füllige Menschen und Überpronierer bzw. für Senkspreizfüße. Diese Schuhe bieten mehr Halt für schwache Sprunggelenke und Bänder.

Was brauchen Sie?

Ein Schuh, der Stabilität bietet

Diese Kategorie der Schuhe bezeichnet man als »Stabilschuhe«. Sie zeichnen sich aus durch eine abriebfeste Sohle, eine gut dämpfende Zwischensohle aus festerem Material, die fast immer zusätzlich eine »Pronationsstütze« eingebaut hat, und ein solides Obermaterial, das dem Fuß eine gute Führung gibt und für eine lange Haltbarkeit sorgt. Wenn Sie Normalfußläufer mit normaler Pronation oder leichtgewichtiger Überpronierer sind, haben Sie mit diesem Schuh eine gute Wahl getroffen.

Gute Walking-Schuhe dämpfen und sind flexibel, geben dem Fuß eine gute Führung – und stützen den Problemfuß.

Tipps für die Problemfüßler

Der Fuß eines fülligen Menschen wird durch das Zuviel an Gewicht förmlich platt gedrückt, was zu Senkspreizfüßen führt. Spezielle Sporteinlagen, die sich über die ganze Fußsohle ziehen und vom Orthopäden verordnet werden können, schaffen oft Abhilfe. Bitte nicht vergessen: Nehmen Sie beim Schuhkauf das Fußbett aus den Schuhen und legen Sie Ihre eigenen mitgebrachten hinein.

Bei anderen Fußproblemen kann ein orthopädischer Schuhmechaniker helfen. Er bastelt aus Ihrem Normalschuh einen maßgeschneiderten Schuh, indem er hier wegfräst und dort anklebt. Aber nicht jeder Schuh ist für solche Veränderungen geeignet. Fragen Sie im Geschäft oder beim Orthopädiemechaniker, welcher Schuh für Einlagen oder spezielle Veränderungen in Frage kommt.

Übrigens gibt es schon Laufschuhfirmen, die Ihnen einen individuellen, nach Baukastenprinzip zusammengesetzten Laufschuh anbieten. Bitte kommen Sie nicht auf die Idee, selber an Ihrem Laufschuh herumzuschneiden.

Noch mehr Tipps für den Schuhkauf

▶ Kaufen Sie Ihre Schuhe in einem Fachgeschäft mit großer Auswahl (auch wenn es Sie erschlägt) und guter Beratung. Am besten lassen Sie sich ein Geschäft von einem Läufer aus Ihrem Bekanntenkreis empfehlen.

▶ Probieren Sie mehrere Modelle von unterschiedlichen Herstellern.

▶ Fragen Sie nach einer Laufanalyse auf einem Laufband.

▶ Nehmen Sie ein Paar ausgedienter Laufschuhe mit. Ein guter Verkäufer kann daran Ihren Laufstil ablesen.

▶ Bringen Sie Ihre Einlagen, Laufsocken und außerdem ausreichend Zeit zum Schuhkauf mit.

▶ Wenn Sie kein Freund blaulila schimmernder Zehennägel und Blasen sind, dann kaufen Sie Ihre Schuhe eine halbe bis eine Nummer größer.

Vor dem längsten Zeh – meist ist das der große, wobei der »Zeigezeh« diesen manchmal übertrifft – sollte ein Fingerbreit Platz sein. Ihre Zehen brauchen viel Bewegungsfreiheit, denn beim Nordic Walking schwellen die Füße an und beim Abrollen rutschen die Zehen nach vorn.

▶ Laufen Sie im Laden auf und ab, denn nur in der Bewegung merken Sie, ob der Schuh zwickt oder gut sitzt. Sausen Sie nicht gleich los, achten Sie auf Kleiderständer, andere Kunden und sonstige Hindernisse, die Sie in Ihrer Euphorie zu Boden bringen könnten.

▶ Kaufen Sie die Schuhe am späten Nachmittag, dann sind nämlich auch Ihre Füße angeschwollen, genauso wie nach längerem Walking oder Laufen.

▶ Meiden Sie die Haupteinkaufszeiten, so hat der Verkäufer für Sie Zeit und der Laden ist leer genug, um eine Laufrunde zu drehen. Wenn Sie Glück haben, lässt man Sie sogar draußen eine kleine Runde laufen.

Wie lange kann ein Laufschuh laufen?

Er bleibt Partner, so lange mein Fuß noch mit einer hauchdünnen Gummisohle des über die Jahre hinweg liebgewonnenen Laufschuhs bedeckt ist? Oder sollte ich mir schon vorher ein neues Paar zulegen?

Wann Sie Ihre Laufschuhe ausrangieren, hängt davon ab, wie viel Sie laufen, auf welchem Untergrund Sie laufen, wie schwer Sie sind und welches Modell Sie haben. Aber grundsätzlich sollte ein guter Schuh 800 bis 1000 Kilometer vertragen.

Ruhig mal hingucken

Sie können auch ab und an ihre Schuhe inspizieren, und wenn Sie feststellen, dass sich die Zwischensohle brüchig anfühlt oder sehr fest zusammengepresst aussieht, dann wird es Zeit für einen neuen Schuh.

Ist die Außensohle stark abgelaufen? Sieht der Schuh, wenn Sie ihn vor sich auf den Tisch stellen, irgendwie verzogen aus? Oder steht er schief auf einer Seite? Dann gehören diese Schuhe höchstens als Erinnerungsstück in die Vitrine, aber nicht an Ihren Fuß. Bemerken Sie igendwelche Wehwehchen beim Laufen, die erst in letzter Zeit auftraten? Das könnte auch an abgelaufenen Schuhen liegen.

Wie viele Paar Laufschuhe brauche ich?

Wenn Sie jeden Tag in die Schuhe schlüpfen und Ihre Stöcke schultern, sollten Sie mindestens zwei Paar Schuhe besitzen und abwechselnd tragen. Durch die Abwechslung, die Sie Ihren Füßen gönnen, können Sie auf einfache Art und Weise einseitige Belastungen auf Bänder und Sehnen vermeiden. Legen Sie sich zusätzlich noch Trailschuhe für den richtigen Trip im Gelände zu. Sind Sie Einsteiger und starten nur mit halben Dampf? Finden Sie nur zweimal in der Woche Zeit? Dann reicht Ihnen vorerst ein Paar aus.

Kleider machen Nordic Walker

Neulich las ich ein Zitat, das mir zu denken gab: »*Bei vielen Menschen endet der Vorsatz, Sport zu treiben, in der Umkleidekabine des Sportgeschäftes.*« Klar, dort steht man in schrecklicher Umgebung vor noch schrecklicherer Wahrheit. Jedes Pfund zu viel in enge Sportklamotten gequetscht, gibt einem das Gefühl, in der Kabine zu einer Wurst zu mutieren. Einer ziemlich armen. Der Spiegel lässt sich nicht bestechen, das Neonlicht nicht dimmen. Weg ist die Motivation. Sekundenschnell. Der innere Schweinehund freut sich über die Wurst, lacht sich ins Fäustchen, weil er gesiegt hat. Damit das nicht passiert, rate ich: Hängen Sie in der Kabine den Spiegel ab. Kaufen Sie sich Sportkleidung, in der Sie sich rundum wohl fühlen, die angenehm sitzt.

Ignorieren Sie den Wetterfrosch

Extreme Wetterverhältnisse wie Hitze, Kälte, Regen und Sturm verleiten Sie zur beliebten Ausrede: »*Das Wetter ist zu schlecht zum Sporteln.*« Damit Sie mutig dieser Ausrede entkommen, sollten Sie sich von vornherein gut ausrüsten. Denn wer nur bei Schönwetter walkt, kann bei hiesigen Klimaverhältnissen kaum Fit-

ness und Gesundheit tanken. Als Nordic Walker gehören Sie jetzt zur Riege der Outdoor-Sportler. Sie sind wind- und wettertauglich, scheuen weder Regen noch Schnee.

Synthetik ist Trumpf

Ihren baumwollenen Lieblingsjogginganzug sollten Sie in Zukunft nur noch auf der Couch tragen. Leisten Sie sich moderne Walking-Kleidung. Denn Synthetikfasern lassen Luft durch und weisen dafür Schweiß und Regen ab. Die Mikrofaser ist wesentlich dünner und leichter als Seide, und tausende von feinen Luftkammern sorgen für Isolation. Ein Baumwollshirt saugt 20mal mehr Wasser auf als Walking-Hemden aus Synthetikfasern wie Drylete oder Coolmax. 20mal mehr. ZWANZIG. Das kostet Kraft, und ein am Körper klebender nasser Lappen ist weder angenehm noch warm – noch ist das gesund. Auch wenn Eisblumen die Fenster schmücken und die Luft schneidend kalt ist, sollten Sie Kleidung tragen, die Ihren Schweiß aufnimmt und nach außen ab-

transportiert. So bleiben Sie warm und trocken.
Für widrige Wetterverhältnisse gilt: Legen Sie wie eine Zwiebel mehrere Schichten Kleider an. Das hält warm und trocken. Wenn es zu warm wird, können Sie ablegen, was Ihnen beliebt.

Schicht für Schicht

Kombinieren Sie Ihre kurze Sport-Sommerkleidung mit warmen, langen Hosen und dem altbewährten Faserpelz. So können Sie sich jederzeit, ob Winter oder Sommer, einer Schicht entledigen, wenn Sie sich zu heiß laufen. Als unterste Schicht empfehle ich so genannte Funktionswäsche. Diese ist atmungsaktiv und leitet Schweiß zu den nächstgelegenen Schichten. Achten Sie auch darauf, dass keine Nähte an störenden Stellen scheuern. Für die Damen: Tragen Sie einen funktionellen, eng anliegenden Sport-BH. Er schickt den Schweiß an die frische Luft und federt unangenehme Stöße ab. Bügel- oder Spitzen-BHs geben keinen Halt und können pieksen. Strings und knappe Unterhosen sind auch ungeeignet. Verschwinden in der Pofalte. Drum gibt es Sport-Unterhosen, die extra ein bisschen breiter geschnitten sind. Es lohnt sich. Die sind nämlich viel bequemer.

Schweiß nicht nach außen dringen kann und Sie sich bald fühlen wie in einer selbstgebastelten Sauna.

Wie eine zweite Haut

Tragen Sie eher eng anliegende Hosen, ganz einfach weil Schlabberstoffe an Oberschenkeln scheuern.

Im Schulterbereich kann ein Shirt ruhig weit sein, damit Sie ausreichend Bewegungsfreiheit für den Armeinsatz haben.

Wer seine Rundungen verstecken will, kann eine weite Jacke drüber anziehen.

Gegen Skiunterwäsche ist im Winter übrigens nichts einzuwenden. Je nach Wetter sollte die nächste, die mittlere Schicht auch atmungsaktiv, nicht zu dick und trotzdem wärmeisolierend sein. Ob Sie nun ein langes Laufshirt anziehen oder Ihr Radtrikot aus der Schublade ziehen, ist egal.

Drüber schützt eine weitere Schicht vor Wind und Regen. Beispielsweise ein Windbraker. Der ist zwar nicht komplett regenfest, aber Nieselregen kann er schon abhalten. Er ist windabweisend und atmungsaktiv. Gut ist Sportbekleidung aus Materialien wie Goretex oder Sympathex. Dicke Regenjacken sind ungeeignet, weil

Das weiß der Nordic Walker

▶ Kleine Taschen an Hose oder T-Shirt sind Gold wert, da können Sie Schlüssel, Geld verstauen. Es gibt spezielle Walkinghosen, die Taschen haben, die auch Ihre Gummipads verstauen.

▶ Tragen Sie bei kaltem Wetter ein Shirt, dessen Ärmel lang genug sind und die Handgelenke verdecken. Manchmal, wenn noch zwei Grad zum Handschuhwetter fehlen, ist es angenehm, die Hände in den langen Ärmeln zu verstecken.

▶ Das Shirt sollte hochgeschlossen und lang sein. Es darf ruhig bis kurz über den Po reichen. Die typische Fitnesskleidung ist oft zu kurz und knapp gehalten, so dass Bauch und Dekolletee frei liegen. Im Studio ist es warm, doch im Freien wird der kalte Zug in Hals- und Nierengegend unangenehm und kann Erkältungen, die nicht sein müssen, verursachen.

▶ Wenn Sie auf Partnersuche sind, ist wenig Stoff durchaus eine effektive Methode. Aber wenn Sie nach Ihrer Trainingseinheit eine Woche im Bett liegen, könnten gerade in dieser Zeit fünf potenzielle Traumpartner mit anderen Stöcken angebandelt haben.

Kleine Extras für große Touren

▶ **Vergessen Sie Ihre Handschuhe nicht.**
Ohne Handschuhe können Sie bei längeren Touren Blasen bekommen oder sich die Hände stellenweise aufscheuern. Deshalb gibt es spezielle Nordic-Walking-Handschuhe, die an exponierten Stellen gepolstert sind. Aber auch Fahrradhandschuhe eignen sich. Im Winter können Sie Langlaufhandschuhe verwenden. Mit Handschuhen haben Sie generell die Stöcke besser im Griff.

▶ **Setzen Sie sich immer eine Kopfbedeckung auf.**
Wenn es kalt ist, gehen 70 Prozent der Körperwärme über den Kopf verloren, ein ausgekühlter Kopf kann Grippeviren schlecht ab-

wehren. Im Sommer dient die Kopfbedeckung als Sonnenschutz.

▶ **Brille auf die Nase**
Eine Sportsonnenbrille schützt Ihre Augen nicht nur vor Sonne, sondern auch gegen Wind, Insekten und Blütenstaub.

▶ **Vergessen Sie nicht, eine Trinkflasche mitzunehmen.**
Das ist vor allem im Sommer wichtig oder wenn Sie mehr als eine halbe Stunde walken wollen. Um einen Leistungsabfall und Kopfschmerzen zu verhindern, tragen Sie am besten einen Gurt mit einer Flasche mit sich.

▶ **Ein Laufrucksack für Trockenfrüchte**
Vor allem, wenn Sie zu den Lang-Walkern zählen, gerne eine

Stunde und mehr unterwegs sind, ist der Laufrucksack ideal. Der schmiegt sich an den Körper an und stört Sie nicht.

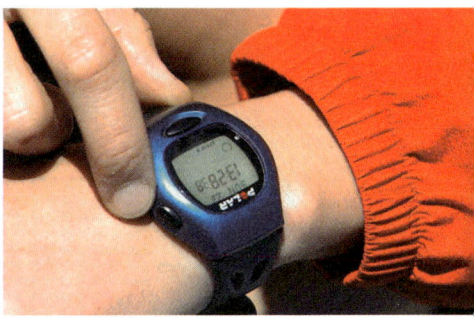

▶ **Wirklich wichtig: die Pulsuhr.**
Das Training sollte man immer mit einem Herzfrequenzmesser überwachen. Mit guten Modellen können Sie zusätzlich zur Herzfrequenz auch Kalorienverbrauch und Fitnesszustand live verfolgen. Warum die Pulsuhr so wichtig ist, lesen Sie ab Seite 75.
Und wie funktioniert so ein Herzfrequenzmesser? Zur Pulsuhr gehört ein Gurt, den Sie sich um die Brust schnallen. Elektroden im Gurt messen die elektrischen Impulse des Herzens – bei jeder Kontraktion. Die Impulse werden verstärkt und zur Pulsuhr am Handgelenk gefunkt. Ein Blick auf die Uhr reicht aus, damit Sie genau wissen, bei welchem Puls Sie gerade walken.

Und nun ein wenig Flug-Technik

Wenn der Finne mit seinen Stöcken durch die Wälder düst, hat er ein seliges, glückliches Lächeln im Gesicht. Er ist ein sich gern bewegender Outdoor-Mensch und genießt jede Sekunde in der Natur. Wenn der Deutsche mit seinen Stöcken durch die Wälder düst, hat er ein verkrampftes Gesicht. Er ist ein viel sitzender Indoor-Mensch und vergisst auch draußen den Computer, den Chef, den Finanzbeamten nicht.
Ich möchte, dass Sie wie die Finnen laufen. Nicht die Stirn runzeln, die Lippen schmal machen. Die Stöcke nicht verkrampft in den Boden schlagen, sondern mit ihrer Hilfe schweben. Glücklich, leicht, fröhlich, wie der Finne eben.

Und das ist ganz leicht

Um an Skilanglauf Spaß zu haben, brauchen Sie Zeit, Geduld und noch mehr Schnee. Nordic Walking ist da die einfachere Variante für Ungeduldige. Die Grundtechnik lernen Sie schnell. Aber auf die kommt es an, denn wenn Sie mit dem ganzen Körper arbeiten und die Arme mitsamt den Stöcken nicht als lästiges Anhängsel mitschleppen wollen, sollten Sie die nächsten Zeilen aufmerksam lesen.

Ein Fuß vor den anderen

Die Schritttechnik beim Nordic Walking kennen Sie schon von Ihren Walkingrunden – sofern Sie diese gedreht haben. Wenn nicht, auch kein Problem. So geht's: Der Fuß setzt mit der Fersenaußenseite auf. Beim Aufsetzen der Ferse ist das Knie leicht gebeugt. Durch das gebeugte Knie und durch das Nachgeben des Fußes wird der Stoß der Landung abgefedert. Der Fuß rollt über die ganze Sohle ab. Der Abdruck erfolgt aktiv über den Großzehenballen und die Zehen. Die Füße zeigen natürlich geradeaus.
Beim Nordic Walking werden im Vergleich zum Walken die Schritte durch Mithilfe der Arme automa-

tisch länger. Nur: Je schwieriger und steiler das Gelände wird, desto kürzer werden auch die Schritte. Deswegen ist gerade im Gelände eine gute Armarbeit gefragt, um die Beine zu entlasten.

Teamwork von Armen und Beinen

Die Armarbeit beim Nordic Walking entspricht dem Rhythmus der Arm-Bein-Koordination beim Walken. Rechtes Bein/linker Arm und linkes Bein/rechter Arm werden immer gleichzeitig nach vorn geführt.

Jetzt gucken Sie an sich runter – wo war noch mal das linke Bein? – und sind wahrscheinlich verwirrt. So ging's mir auch. Am besten, Sie legen das Buch aus der Hand und probieren es aus. Wenn Sie locker gehen und sich nicht konzentrieren (können Sie das?), werden Sie feststellen, dass automatisch das rechte Bein gleichzeitig mit dem linken Arm nach vorn schwingt und umgekehrt. So entsteht eine natürliche leichte Drehung von Hüfte und Schultergürtel, die von den Rumpfmuskeln stabilisiert wird. Wenn Sie nun Stöcke in den Händen haben, setzt der rechte Stock dann am Boden auf, wenn die linke Ferse den Boden berührt und umgekehrt.

Das Gehen am Stock

Die Technikbeschreibung klingt kompliziert. Doch wenn Sie es ausprobieren, klären sich viele Fragen von selbst. Es ist einfacher, als Sie denken, denn es handelt sich um einen ganz natürlichen Bewegungsablauf, den Sie als gehender Mensch in Ihren Genen haben.

Die ersten Schritte

Gehen Sie zunächst ganz normal, ohne auf Ihre Arme zu achten. Die Hände sind dabei locker geöffnet, so dass die Stöcke nur an den Schlaufen hängen und am Boden entlangschleifen. Wenn Sie jetzt auf Ihre Arme achten, bemerken Sie, dass sie leicht im Gehrhythmus gegengleich zur Beinbewegung vor und zurück pendeln, ohne dass Sie etwas tun müssen.

Versuchen Sie zunächst den Armschwung etwas mehr zu betonen, also die Amplitude des Armschwungs zu vergrößern – ohne an die Stöcke, die da unten dranhängen, zu denken. Sie werden nun einen leichten Widerstand beim Zurückschwingen der Arme bemerken. In diesem Moment findet der schräg nach hinten zeigende Stock Halt am Boden. Spüren Sie diesen Widerstand ganz bewusst. Denn der ist wichtig für Ihren Rhythmus.

Als Nächstes drücken Sie sich, sobald Sie diesen Widerstand spüren, von den Stöcken mit mäßiger Kraft ab, zunächst noch ohne den Griff mit den Händen zu umfassen. Gehen Sie dem Druck mit dem Arm und der Schulter nach, so dass sich am Ende der Abdruckphase Ihr Arm gestreckt hinter Ihrem Körper befindet. Sie werden bemerken, dass sich durch diesen intensiven Abdruck der Arme die Schrittlänge automatisch vergrößert.

Jetzt versuchen Sie beim lockeren Nachvornführen des Armes,

nachdem dieser den Körper passiert hat, den Stock zu greifen und am Ende der Abdruckphase die Hand wieder zu öffnen. Glückwunsch, Sie haben es raus! Jetzt achten Sie nur noch auf eine flüssige rhythmische Bewegungsausführung.

Wichtige Nordic-Walking-Tricks

Der richtige Griff

Beim Nachvornschwingen des Stockes (nach Beendigung des Abdrucks) öffnet sich die Hand leicht und der Stock hängt locker an der Handschlaufe. Die Stockspitze darf in dieser Phase auch am Boden schleifen. Die Arm- und Schultermuskulatur hat eine kurze Verschnaufpause, darf entspannen und der Stock kann frei nach vorn schwingen.

Ist der Arm am Körper vorbei nach vorn geschwungen, beginnt sich die Hand wieder locker zu schließen und umfasst den Stockgriff. Der Stock braucht aber nie fest gegriffen zu werden. Durch das Schlaufensystem hat er immer Halt und Führung an der Hand und die Kraft wird über die Schlaufe auf den Stock übertragen.

Wenn Ihnen am nächsten Tag die Unterarme so schmerzen, dass Sie selbst den Bleistift nicht mehr halten können, dann waren Sie beim Stockhalten eindeutig zu eifrig und verkrampft. Lassen Sie bei der nächsten Trainingseinheit den Stock etwas lockerer.

Der perfekte Schub

Ist der Arm bis Bauchnabelhöhe nach vorn geschwungen, beginnt die Zugphase. Sie ziehen sozusagen am Stock Ihren Körper nach vorn. Der Arm zieht bei leicht gebeugtem Ellenbogen nach hinten und Sie üben leichten Druck auf den Stock aus. Der Stock zeigt dabei immer schräg nach hinten, die Stockspitze befindet sich niemals vor dem Körper.

Sobald die Hand wieder auf Höhe des Körpers ist, beginnt die Schubphase. Achten Sie in dieser Phase darauf, dass Sie den Ab-

druck betonen und den Arm so weit wie möglich nach hinten durchdrücken, bis der Ellenbogen gestreckt ist. Wenn Sie das gut beherrschen, spüren Sie ein Ziehen im hinteren Oberarm. Der letzte Abdruck wird immer über die Schlaufe mit schon leicht geöffneter Hand ausgeführt.

Die optimale Stockführung

Führen Sie die Stöcke nah am Körper parallel zur Laufrichtung und bitte nicht zu weit seitlich aufsetzen. Wenn Sie die Stöcke zu seitlich aufsetzen, fängt Ihr Oberkörper an, hin- und herzupendeln. Sie werden sich schwer tun, Ihren Rhythmus zu finden. Lassen Sie die Schultern locker. Die Armarbeit soll mit Schwung, aber entspannt durchgeführt werden. Verkrampfen Sie nicht und lassen Sie die Schultern beim tiefen Ausatmen bewusst fallen. Das hilft Verspannungen vorbeugen, die sich bei verkrampfter Stockhaltung oder unbewusstem Schulterhochziehen mit Sicherheit heimlich einschleichen.

Die gute Haltung

Laufen Sie aufrecht. Heben Sie Ihr Brustbein leicht nach vorn-oben an. Stellen Sie sich vor, am vorletzten Knopf Ihres Hemdes wäre eine Schnur befestigt, die Sie nach vorn-oben zieht. Ich nenne das immer »eine stolzgeschwellte Brust«. Wenn Sie das nachmachen, haben Sie die richtige Haltung.

Richten Sie den Blick geradeaus nach vorn. So rammen Sie keinen Baum und stolpern nicht über Wurzeln oder Steine.

Der Berg ruft

Mich ruft er oft. Das ideale Training. Da wachsen die Muskeln und es gluckst das Glück im Bauch. Es hat Namen wie Butterblumen, Heuduft, Wildbach, Sennerhütte, Bergziegen. Mit den Stöcken fällt der Aufstieg leicht. Selbst der große Rucksack fliegt einfach mit. Ich kann die Aussicht genießen, ohne saure Oberschenkel. Einfach mal ausprobieren – und der Berg ruft immer wieder. Sie brauchen nur eines, wie so oft: die richtige Technik. Wobei ich mir ziemlich sicher bin, dass Sie die Anleitung schon in den Genen haben und Sie das Hügellaufen mit den Stöcken instinktiv fast perfekt können. Glauben Sie nicht? Probieren Sie es einfach aus – und lesen Sie vorher die Anleitung rechts.

Blick in die Forschung

Dass Nordic Walking die Gelenke entlastet, zeigte ein Deutscher Wissenschaftler schon 1981: Pro Meile und Stunde berechnete er eine Entlastung von bis zu 13 Tonnen. Wer den Berg rauf mit Stöcken läuft, reduziert die Last auf seine Gelenke um 28 Tonnen pro Stunde, den Berg runter sind es sogar 34 Tonnen.

So geht's aufwärts

Beim Gehen an Steigungen neigen Sie Ihren Oberkörper weiter nach vorn, Sie bringen sich sozusagen in Hanglage. Sie setzen automatisch die Arme kräftiger ein und Ihre Beine müssen Hubarbeit leisten. Es geht also nicht nur vorwärts, sondern auch aufwärts. Sie werden merken: Je kräftiger Sie mit den Armen mithelfen, desto besser entlasten Sie die Beine.

Sie können versuchen, die Schrittlänge, die Sie in der Ebene haben, beizubehalten. Doch bei steilen Anstiegen tun Sie gut daran, die Schritte etwas kürzer werden zu lassen und das wiederum ermöglicht Ihnen, die Aus- und Übersicht zu genießen.

Und so geht's abwärts

Bergauflaufen ist zwar anstrengend, aber immer noch besser als bergablaufen. Bergab spür ich bei jedem Schritt die Knie und es fällt mir schwer, den freien Fall abzubremsen. Nicht selten tut das der Hosenboden.

Mittlerweile kann ich sowohl bergauf als auch bergab genießen. … Sie wissen schon, mit den Stöcken und der richtigen Technik natürlich.

Machen Sie Mäuschenschritte bergab und lassen Sie die Knie auch in der Abstoßphase leicht gebeugt. So halten Sie Ihren Körperschwerpunkt immer tief und falls Sie mal rutschen, sind Sie mit Ihrem Allerwertesten gleich in Bodennähe.

Aus Fehlern kann man lernen – machen Sie mit

Jeder macht sie, die kleinen und die großen Fehlerchen. Nur, sie sollten sich nicht in den sanften lockeren Bewegungsablauf einprogrammieren. Deshalb: Am Anfang der Trainingseinheit Fehler aufspüren und korrigieren. Manchmal hilft dabei Übertreibung.

1. **Fehler**

Dadurch, dass Sie den Stock zu stark greifen, setzt er zu gerade und vor dem Körper auf.
Wie Sie es besser machen:
Lassen Sie die Hände geöffnet, dadurch finden Sie automatisch die richtige Stellung und setzen die Stöcke im richtigen Winkel am Boden auf.

2. **Fehler**

Sie schwingen die Arme zu wenig nach vorn und hinten.
Wie Sie es besser machen:
Probieren Sie mal, während des ganzen Bewegungsablaufes Ihre Arme möglichst gestreckt zu lassen. Das ist zwar auch nicht ganz richtig, aber durch die Überkorrektur spüren Sie, welche Muskeln eigentlich mitspielen sollen. Nämlich die Arm- und Rückenmuskulatur.

3. **Fehler**

Die Ellenbogen bleiben auf Körperhöhe, dadurch bekommen Sie zu wenig Druck auf die Stöcke.
Wie Sie es besser machen:
Strecken Sie die Arme übertrieben nach hinten aus und geben Sie noch mal richtig Druck gegen den Stock. Dieser Vorwärtsschub lässt Sie nach vorn schnellen.

und achten Sie darauf, dass der Stock gleichzeitig mit dem Fuß aufsetzt. So haben Sie Ihre Beine optimal entlastet. Das spüren Sie übrigens gewaltig. Und Ihre Knie danken es Ihnen.

4. Fehler

Wenn Sie beim Abwärtslaufen die Stöcke vor dem Körper aufsetzen, verlieren Sie Ihren Rhythmus. Bremsen Sie nicht mit den Stöcken, sondern mit kurzen, kleinen Schritten und in der richtigen Dosis angespannten Muskeln.
Wie Sie es besser machen:
Setzen Sie die Stöcke hinter Ihrem Körper auf. Gehen Sie mit Ihrem Oberkörper in leichte Rücklage

5. Fehler

Sie verfallen beim Abwärtslaufen ins Hohlkreuz und strecken Ihr Abstoßbein durch. Das führt zu einer langen Flugphase und einem harten Aufprall. Die Beinmuskeln müssen dadurch weniger tun, die Gelenke aber umso mehr. Also keine Müdigkeit vortäuschen.

Wie Sie es besser machen:
Lassen Sie die Knie immer leicht gebeugt und stoßen Sie sich nicht wie beim Laufen in der Ebene aktiv mit den Fußgelenken vom Boden ab.

Praxis: Das Nordic-Walking-Trainingsprogramm

Nun haben Sie sich die Technik schon mal per Bildchen angeguckt, sind in alte Latschen oder neue Laufschuhe geschlüpft, halten die Stöcke parat und wollen loslegen? Dann tun Sie es.

▸ Als erstes walken Sie zum Kopierer, kopieren und vergrößern sich die Seite 74 – am besten gleich zwölfmal. Ihr Trainingstagebuch für drei Monate.

▸ Damit Sie vom ersten Tag an nicht umsonst die Stöcke schwingen, sollten Sie sich ab Seite 75 über Ihren richtigen Puls informieren.

▸ Und bevor Sie sich morgen früh nüchtern mit den Stöcken unter das Volk wagen, sollten Sie den Test im Kasten auf den Seiten 83/84 lesen. Damit Sie bald mit dem richtigen Puls walken.

▶ Damit nie Langeweile aufkommt, lesen Sie ab Seite 88 ein wenig nach, welche Technikvarianten und Drills Würze in den Walk bringen.

▶ Damit kein Muskel zu kurz kommt, finden Sie ab Seite 94 Dehnübungen.

▶ Kraft tanken Sie mit den Muskelübungen – natürlich mit Stock ab Seite 104.

▶ Und ab Seite 114 finden Sie dann die Trainingsprogramme für Anfänger und Fortgeschrittene.

Sprungbrett in die Fitness: Das Trainingstagebuch

Ein Trainingstagebuch ist ein lieber Begleiter. Es motiviert, hilft das Training immer wieder neu auf die eigene Kondition anzupassen. Und Sie können hier stets Ihre persönlichen Erfolge, ob klein oder groß, nachlesen. So macht Bewegung Spaß und Sie bleiben am Ball – vielmehr an den Stöcken. Auch Hochleistungssportler nutzen ein Trainingstagebuch, um sich in Durchhängephasen aufzubauen und Motivation zu tanken. Versuchen Sie es einfach und Sie werden sehen, wie Sie bald ohne diesen »inneren Trainer« nicht mehr auskommen können.

Machen Sie sich Kopien von der nächsten Seite, und tragen Sie jeden Tag das Wichtigste ein. Unter »**Gewicht**« notieren Sie Ihr Nüchterngewicht, also das, was die Waage morgens, ohne Kleidung, nach dem Gang zur Toilette, anzeigt. Am besten wäre natürlich Ihr Fettgehalt. Den misst eine so genannte Bio-Impedanzanalyse-Waage.

Unter »**Ruhepuls**« und »**Belastungspuls**« tragen Sie die Pulswerte ein, die Sie nach der Anleitung im Kapitel Puls (ab Seite 76) ermittelt haben.

Unter »**Laune**« tragen Sie Ihre Stimmung an diesem Tag ein, ob Sie gestresst sind, traurig oder fröhlich.

Unter »**Vitalität**« schreiben Sie, wie frisch Sie sich fühlen, ob Sie gut geschlafen haben. Welche Zipperlein Sie plagen.

Unter »**Wetter**« notieren Sie alles, was Sie über die aktuelle Wetterlage wissen. Beispielsweise Temperatur, ob es regnet oder schneit, Luftdruck etc. …

Unter »**Kleidung/Wohlfühlfaktor**« tragen Sie ein, was Sie anhatten und wie wohl Sie sich darin gefühlt haben, ob Sie geschwitzt haben, ob eine Naht geschrabbt hat oder ob es schlicht zu kalt war. Wenn Sie Wetter und Kleidung einige Tage beobachtet haben, brau-

Tag	1	2	3	4	5	6	7
Datum							
Gewicht							
Ruhepuls							
Laune							
Vitalität							
Wetter							
Kleidung/ Wohlfühlfaktor							
Trainingsdauer							
Belastungspuls							
Eigene Anmerkungen							

Bitte zwölfmal kopieren und vergrößern

chen Sie bald nur noch einen kurzen Blick aus dem Fenster zu werfen, und schon wissen Sie, in welchem Outfit Sie Ihre Runde drehen werden – ohne stundenlang ratlos vor dem Schrank zu grübeln.

Das Feld »**Eigene Anmerkungen**« bietet Platz für Ihre Phantasie. Dort könnten Sie eintragen, ob die Strecke zu hundereich ist, im Winter zu eisig, ob potentielle Lebensgefährten den Weg kreuzen …

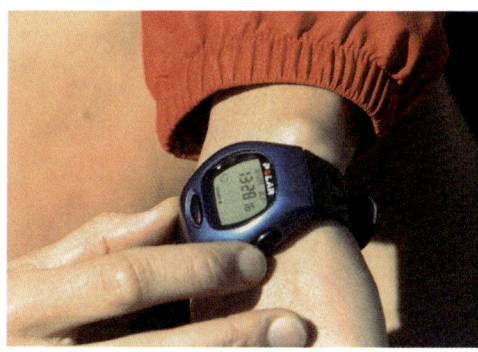

Puls: Der Takt des Lebens und das Maß der Leistung

Haben Sie schon mal auf Ihr Herzerl gehört? Es erzählt Ihnen viel. Und es lügt nicht. Es sagt Ihnen: *Hey, du mutest dir gerade viel zu. Oder: Ärgere dich lieber nicht über den Typen. Oder: Spannend der Film – was? Oder: Eine wunderschöne Frau da hinten. Oder: Jetzt verbrennst du Zucker – und kein Fett.*

Ihr Herz sagt Ihnen zu jeder Zeit und an jedem Ort die Wahrheit. Es erzählt Ihnen nicht nur etwas über Ihr Training, über Ihren Fitnesszustand, sondern über Ihre Gefühle, Ihre Ängste, Ihren Zorn, Ihre Freude.

Mein Herz schlägt höher, wenn ich meine Frau sehe, oder wenn ich Seifenblasenartikel in Fit-for-Fun lese. Leider unterscheidet unser Herz nicht, ob wir uns freuen oder ärgern – oder Sport treiben. Der Puls geht einfach hoch. Das Herz schlägt schneller. Und manchmal rast es. So kann man Gefühle am Puls ablesen. Das macht meine Frau übrigens gern, wenn ich ihr sage, wie sehr ich sie liebe.

Die Leistung und der Puls

Das Herz ist der Motor für Wohlbefinden und Leistung. Es pumpt das Blut mit erfrischendem Sauerstoff zu jeder Körperzelle – auch zum Muskel. Von Kopf bis zu den Zehen versorgt es den Körper, die arbeitende Muskulatur mit Nährstoffen. Und wie gut das Herz das tut, das erzählt Ihnen der Puls. Nur der Puls, denn den können

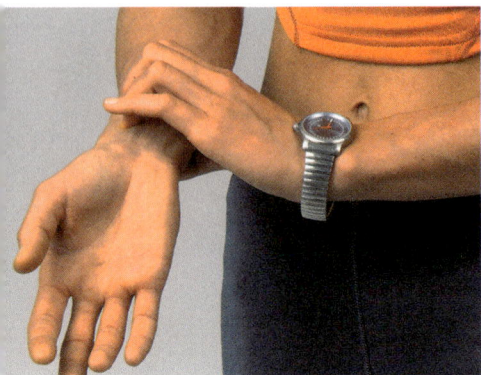

Sie messen. Ihr Puls ist sozusagen ein Maß für den Grad Ihrer Anstrengung. Die Belastung, die Sie sich eben in diesem Moment zumuten, können Sie genau an Ihrem Herzschlag ablesen und einschätzen. Er sagt Ihnen, ob Sie sich im optimalen Trainingsbereich befinden und das Beste aus sich rausholen – oder ob Sie wieder mal umsonst trainieren.

Der Puls der Träumer: Ruhepuls

Die niedrigste Herzfrequenz (Puls) haben Sie dort, wo Sie sich am wohlsten fühlen. Nachts, was Schönes träumend, im Bett. Messen Sie Ihren Ruhepuls morgens nach dem Aufwachen. Nicht unbedingt, wenn Sie sich gerade wahnsinnig über den Wecker aufregen, aber bevor Sie die Horizontale verlassen. Und diesen Puls

notieren Sie sich täglich in Ihrem Trainingstagebuch (siehe Seite 74). Denn wenn Sie ihn mit dem Puls in acht Wochen vergleichen, fällt Ihnen bestimmt etwas auf. Er wird niedriger und niedriger. Nein, Sie sterben nicht. Im Gegenteil, Sie verlängern Ihr Leben. Denn eine niedrigere Herzfrequenz zeigt nichts anderes als: Ihr Herz arbeitet jetzt ökonomischer, bringt die gleiche Leistung, muss sich aber nicht mehr so anstrengen, so oft pumpen. Es schlägt für eine längeres Leben. Sie haben Kondition getankt. Vorausgesetzt, Sie haben in diesen acht Wochen die Stöcke geschwungen und nicht nur Däumchen gedreht.

Der Puls der Spinner: Maximale Herzfrequenz

Das ist die höchste Herzfrequenz, die Sie erreichen, wenn Sie mal wirklich alles geben, wirklich alles, also sich maximal belasten. Ich rate Ihnen nicht, jetzt 100 Meter

Der Puls der Klugen

Irgendwo zwischen Ruhepuls und maximaler Herzfrequenz schlägt Ihr Herz optimal für das Training. Für optimale Fettverbrennung, optimalen Fitnesszuwachs, optimales Wohlgefühl – für ein längeres Leben.

so schnell zu laufen, wie Sie können. Ich biete Ihnen eine angenehmere Variante an: Setzen Sie sich hin und rechnen Sie. Dann bekommen Sie einen annähernd richtigen Wert – und rechnen bringt Sie nicht um.

Frau: 226 – Alter = maxHF
Mann: 220 – Alter = maxHF

Bitte nicht zu langsam walken

Ist der Puls zu niedrig, verschenken Sie wertvolle Trainingseffekte und Ihre Motivation verpufft. Sie belasten Ihren Körper und durchfluten ihn mit Sauerstoff, aber Sie verbrauchen zu wenig Energie. Sie walken mit angezogener Handbremse. Verbrennen zwar Fett, aber bildlich gesprochen im Viertelhotelbutterpäckchen-Bereich. Das wollen Sie nicht. Sie wollen auf die Dauer gesehen richtige Butterpäckchen.

Freilich, schön langsam, machen Sie es goldrichtig. Sie walken im aeroben Bereich, viel Sauerstoff flutet durch den Körper. Und Sie trainieren gaaaaanz locker in der Fettstoffwechselzone. Also, im Easy-Going- oder im unteren Dudarfst-Bereich (siehe Seite 86). Bei diesen niedrigen Pulswerten verbrennen Sie prozentual am meisten Fette, nämlich etwa 70 Prozent. Trotzdem: Sie wollen mehr. Nicht nur Prozente. Sondern echtes Fett. Wie denn?

Legen Sie einen Zahn zu

Sobald Sie den dritten Gang einlegen (erst die Handbremse rausnehmen), schraubt sich Ihr Puls nach oben. Der Muskel verbrennt dann zunehmend mehr Zucker. Denn Zucker ist der schnellere Energielieferant. Walken Sie bei 80 Prozent Ihres Maximalpulses (nehmen Sie den Wert, den Sie auf der letzten Seite ausgerechnet haben, einfach mal 0,8), so verbrennt der Muskel z. B. 50 Prozent Fett

Ab wann wird denn nun Fett verbrannt?

Im Gegensatz zur weit verbreiteten Meinung werden Fette ab der ersten Minute verbrannt und nicht, wie man Ihnen erzählt hat (ich bin mir sicher: immer noch tut, denn die negativen falschen Botschaften haben das längste Mindesthaltbarkeitsdatum), erst nach 30 Minuten. Und so richtig viel Fett verbrennen Sie, wenn der Muskel wieder gelernt hat, Fette zu verbrennen. Sich von der Kopfarbeiter-Zucker-Ernährung umstellt auf Ich-bin-fit-Fett-Futter. Das ist nach drei Monaten regelmäßigen Nordic Walkings der Fall. Ein lohnendes Ergebnis.

und 50 Prozent Zucker. Halbe/halbe. Auch das ist interessant.

Der Trick: Mal schnell, mal langsam

▸ Der untere Pulsbereich, der mit etwas angezogener Handbremse, lohnt sich, wenn Sie mindestens eine Stunde mit den Nordic-Walking-Stöcken unterwegs sind. Denn durch solche langen, langsamen Läufe lässt sich der Fettstoffwechsel wunderbar trainieren. Nur, so lange unterwegs sind Sie vielleicht am Sonntag.

▸ Unter der Woche laufen Sie

eine halbe oder eine dreiviertel Stunde. Wird Ihre Einheit kürzer, dann schalten Sie in den dritten Gang. Sie laufen im Ich-will-mehr-Pulsbereich (siehe Seite 87). Der Energieverbrauch schnellt in die Höhe. Und absolut gesehen verbrennen Sie mehr Kalorien – und das bedeutet unter dem Strich auch mehr Fett.

Und das macht fit

Sie walken ja nicht nur durch die Gegend, weil es Spaß macht, weil Sie Ihre Butterpäckchen verlieren wollen, sondern weil's gesund ist. Weil Sie Kondition tanken, sich fitter, wacher, vitaler, geistig beweglicher und glücklicher fühlen. Und auch deshalb sollten Sie einen Zahn zulegen. Denn bei höheren Pulswerten ist der Trainingseffekt auf das Herz-Kreislauf-System und die aerobe Ausdauer größer. Das zeigte Dr. John Duncan am berühmten Cooper-Institut in Amerika in einer Studie. Dr. Duncan ließ 102 Frauen ein halbes Jahr lang fünfmal in der Woche fünf Kilometer in unterschiedlichen Pulsbereichen walken. Bei der Gruppe, die mit einem Puls von 55 Prozent ihrer maximalen Herzfrequenz walkten, also ganz langsam, verbesserte sich die Leistungsfähigkeit um vier Prozent. Bei der Gruppe, die mit 68 Prozent ihrer maximalen Herzfrequenz unterwegs waren, also ein bisschen schneller, um neun Prozent. Den größten Leistungszuwachs hatte die Gruppe, die ihr Walkingtraining bei einer Herzfrequenz von 86 Prozent des Maximums absolvierte. Die Leistungssteigerung betrug hier 16 Prozent.

Rechnen Sie, dann bleibt's hängen

Maximale Herzfrequenz, zur Erinnerung:
▶ Frau: 226 – Alter = maxHF
▶ Mann: 220 – Alter = maxHF
Ihre maxHF _____
Sie gewinnen an Leistung:
4 Prozent: _____ x 0,55 = _____
9 Prozent: _____ x 0,68 = _____
16 Prozent: _____ x 0,86 = _____

Beispiel: Eine 41jährige Frau hat eine maxHF von 226–41 = 185. Ihre Kondition wächst um 4 Prozent, wenn sie mit einem Puls von 102 (185 x 0,55) durch den Wald schleicht. Und sie wächst um 16 Prozent, wenn sie armschwingend, fröhlich ausschreitend mit einem Puls von 159 durch den Wald walkt. Berechnen Sie also Ihren Puls, bei dem Sie 16 Prozent, das Optimale, gewinnen. Das ist Ihr Ziel.

Lassen Sie den Gaul nicht durchgehen

Wenn Sie sich zu sehr anstrengen, und das passiert merkwürdigerweise den meisten, die Turnschuhe anziehen, schießt der Puls in die Höhe. Man verschleudert Energie, anstatt Kraft zu tanken – und das Fett bleibt auf den Hüften liegen. Fangen Sie während der Belastung zu keuchen und zu japsen an, werden die Beine schwer, dann zeigt das: Dem Muskel bleibt die Luft weg. Er japst nach Sauerstoff – so wie Sie. Das Dumme ist, der Energietank »Fett« lässt sich nur vom Muskel mit dem Schlüssel »Sauerstoff« öffnen. Und was machen Sie? Sie werfen den Schlüssel weg und lassen ihre Muskeln leiden.

Die Muskeln bedienen sich dann aus dem schnellen Energietank. Sie verbrennen Zucker. Das spüren Sie schnell. Der Leistungskiller Milchsäure – im Fachjargon auch

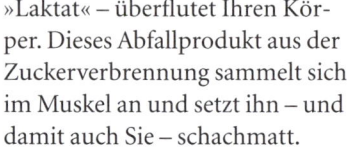

»Laktat« – überflutet Ihren Körper. Dieses Abfallprodukt aus der Zuckerverbrennung sammelt sich im Muskel an und setzt ihn – und damit auch Sie – schachmatt.

Das Geheimnis der leichten Fitness: unter dem Grenzpuls

In der Sportwissenschaft nennt man den Bereich, in dem Muskel der Sauerstoff ausgeht, den anaeroben Bereich. Hetzen Sie in diesem Bereich herum, zerstören Sie wertvolle Muskelzellen und Ihr Immunsystem. Den Bereich, in dem der Muskel genügend Sauerstoff zur Verfügung hat, bezeichnet man als den aeroben Bereich. In diesem Bereich verbrennt der Muskel die ihm zur Verfügung stehenden Fette und Zucker vollständig. Den Pulswert, bei dem Muskel der Sauerstoff ausgeht, bei dem er umstellt von Fett auf Zuckerverbrennung, bei dem sich mehr Milchsäure im Körper anhäuft als

abgebaut werden kann, nennt man Grenzpuls. Das kann man im Blut messen. An der Schwelle beträgt der Milchsäurespiegel im Blut etwa 4 mmol/l. Den Grenzpuls sollten Sie niemals überschreiten.

Mancher tut's doch
Diesen Vorgang des Überschreitens des Grenzpulses können Sie – vor dem Fernseher sitzend – in den schmerzverzerrten Gesichtern der Leistungssportler mit verfolgen. Dann, wenn sie sich mit einem Schlussspurt ins Ziel quälen. Während eines 400-m-Laufes steigt der Milchsäurewert bis auf über 20 mmol/l an. Das ist Folter, das überlassen Sie lieber den Leistungssportlern. Die müssen schließlich ihr Geld damit verdienen. Sie dürfen genießen.
Nur bei einem optimalen Belastungspuls finden Sie Gefallen an der ganzen Sache. Das Fett schmilzt und die Laune steigt. Entscheidend ist, dass Sie locker,

lächelnd im Sauerstoffüberschuss walken, kurz bevor Ihr Körper von Fett- auf pure Zuckerverbrennung umschaltet. Also mit einem Puls kurz unterhalb des Grenzpulses.

Aber wo liegt eigentlich genau dieser Puls?

So finden Sie Ihren optimalen Fettverbrennungspuls

Beim Nordic Walking dürfen Sie ruhig Gas geben. Sie müssen nicht so vorsichtig sein wie beim Laufen. Sie können mit flottem Tempo und kräftigem Armeinsatz durch die Landschaft düsen, *flieg Engelchen flieeeeeg,* damit Ihr Puls auf Werte steigt, die dem Fett richtig einheizen und Ihr Herz-Kreislauf-System auf Touren bringt. Tun übrigens die wenigsten. Traurig, was ich da oft seh: Zaghaft wird im Schlepp-schleif-schlurf-schlapp-Schritt ein Stöckchen vor das andere gesetzt. Erinnert eher daran, von Müdigkeit und Jahren geplagt, an Stöcken zu gehen, als mit Stöcken zu walken, zu fliegen.

Nun fragen Sie sich vielleicht, wie Sie Ihr Tempo kontrollieren können, wie schnell Sie werden dürfen, um optimal von der Bewegung zu profitieren. Leider haben wir keine Messuhr eingebaut, die uns sagt: *Nimm mal 'nen Gang raus, du schaltest gerade auf Zuckerverbrennung um.* Aber es gibt einen grünen Bereich. Den können Sie beim Nordic Walking ganz einfach über Ihre Atmung bestimmen.

Das Atmen will gelernt sein

Gerade die Anfänger unter uns haben Probleme mit der lieben Luft. Sie geraten schnell außer Atem, japsen, schnaufen und müssen stehen bleiben, um nach Luft zu schnappen. Der Atem ist flach und schnell, der Puls rast.

Die 3–2er-Technik

Zum Finden des Wohlfühlpulses ist die 3–2er Atmung eine sehr einfache Methode. Ihre Atmung funktioniert wie ein körpereigener Drehzahlbegrenzer. Atmen Sie über drei Schritte verteilt aus – und über zwei Schritte verteilt wieder ein. Ihr Körper holt sich den Sauerstoff, den er braucht, die

Atmung passt sich ganz automatisch der Schrittfrequenz an.

Und tieeeeef in den Bauch …

Sie werden entdecken, dass mit steigendem Puls die Atmung schneller wird und umgekehrt. Achten Sie also auf eine tiefe, ruhige Atmung und nicht nur bei Ihrer Trainingseinheit, sondern auch im Alltag. Die meisten von uns haben das richtige Atmen verlernt, sie sind gestresst und kurzatmig. Sie atmen in die Brust und nutzen so nur den oberen Teil ihrer Lunge aus. Brustatmer bekommen weniger Luft und Sauerstoff und das Herz muss mehr Arbeit leisten. Versuchen Sie den ganzen Bauch zu benutzen. Die Bauchatmung ist tiefer und bringt Sauerstoff in den unteren, besser durchbluteten Teil unserer Lunge. Die Atmung wird ruhiger und das Herz wird entlastet. Das Zwerchfell, das die Bauchatmung unterstützt, wird wieder trainiert und

massiert auch noch unsere Innereien. Gönnen Sie sich die Massage von innen.

Die Raucher, die genüsslich an der Zigarette ziehen und auf Lunge rauchen, atmen über den Bauch und werden ruhig. Das geht auch ohne Glimmstengel.

… in einen Luftballon

Stellen Sie sich einfach vor, Sie hätten direkt hinter dem Bauchnabel einen gelben Luftballon, den Sie aufblasen und wieder klein wie einen Tennisball machen müssen. Kinderei? Nein, gar nicht. Solch ein Bild hilft Ihnen, die ruhige Bauchatmung wieder zu lernen. Sie konnten sie mal, ganz automatisch – als Kind.

Sie können mit dieser Atmung übrigens auch aktiv Ihren Puls senken und so stressfreier durchs Leben laufen. Die Mönche machen mit ihrer Atemmeditation auch nichts anderes.

Ob Sie nun nur durch die Nase oder nur durch den Mund einatmen, bleibt Ihnen überlassen. Benutzen Sie beides und achten Sie mehr auf ein tiefes Ausatmen, denn das Einatmen geht dann wie von selbst. Die Lunge holt sich ohne Anstrengung das Luftvolumen, das Sie ausgeatmet haben, wieder zurück.

TEST

Das-ist-mein-Puls

Wenn Sie es genauer wissen wollen, mit welchem Puls Sie optimal trainieren, dann müssen Sie sich ein paar Tage Zeit nehmen und sollten sich in ihrer exzessiven Lebensweise (wenn sie denn so ist) etwas zügeln. Das heißt, Sie sollten weder Trink- noch Essorgien in diese Zeit legen und auch sonstige Exzesse körperlicher und psychischer Art vermeiden. Oder den Termin nicht gerade dann wählen, wenn Sie umziehen oder sich scheiden lassen. Es sind ja nur ein paar Testtage und danach dürfen Sie wieder … Nachdem Sie nun die äußeren Randbedingungen für Ihren kleinen Feld-Wald-und-Wiesen-Test konstant halten, dürfen Sie testend Ihren optimalen Puls herausfinden.

Grundregeln

▶ Sie sollten in diesen Tagen Ihre Nordic-Walking-Einheit immer zur selben Tageszeit absolvieren und das Tempo, das Sie veranschlagen, eine halbe Stunde lang durchziehen.
▶ Die Teststrecke sollte natürlich auch dieselbe sein. Was meinen Sie, was Ihr Puls macht, wenn da auf einmal ein unbekannter Hügel auf ihn zukommt. Er reagiert unberechenbar. Also: gleiche Strecke. Am besten ohne Kilimandscharos drin.

Erst rechnen, dann laufen

Walken Sie locker. In einem Pulsbereich, der Sie nicht besonders anstrengt. Nicht schlepp-schleif-schlurf-schlappen, sondern walken.
▶ Anfänger (mit nicht so viel Kondition) beginnen am besten mit der Pulsformel maxHF x 0,65.
Für Sie wäre das zum Beispiel ein Puls von 120 und für den Herrn Müller ein Puls von 130.
▶ Fortgeschrittene beginnen mit einem Puls, der sich errechnet aus maxHF x 0,75. Für Sie wäre das zum Beispiel 140 und für Herrn Müller 150. Also, womit beginnen Sie?
Zur Erinnerung:
Frau: 226 − Alter = maxHF
Mann: 220 − Alter = maxHF

> Ihre maxHF = _____
> Ihr Anfangs-Trainingspuls =
> _____ (max HF) x 0,65 = _____
> _____ (max HF) x 0,75 = _____

Wichtig: Setzen Sie Ihre Anfangsbelastung nicht zu hoch. Wenn Sie einschlafen an den Stöcken, dann sind Sie eben fitter, als Sie dachten. Und beginnen mit fünf Pulsschlägen höher.

Test geht auf Seite 84 weiter.

TEST

Fortsetzung

Der erste Nordic-Walk

Sie walken also 30 Minuten mit dem errechneten Puls. Wenn Sie den Puls gut gehalten haben, wobei es auf 2 bis 3 Schläge Abweichung nach oben oder unten nicht ankommt, und nach der halben Stunde noch fit und halbwegs ausgeruht sind, dann wiederholen Sie das Spielchen am nächsten Tag. Sie müssen jetzt den Puls um fünf Schläge steigern. Für Sie, wenn Sie denn Anfänger sind, wäre das folglich 125 und der fortgeschrittene Herr Müller müsste bei 155 walken.

$$\underline{\hspace{3em}} \begin{array}{l} \text{Ihre Steigerung} \\ \text{(Anfangs-} \\ \text{trainingspuls)} \end{array} + 5 = \underline{\hspace{3em}}$$

Diese Steigerung führen Sie so oft (für Sie 125, 130, 135, 140 … und für Herrn Müller 155, 160, 165 …) durch, bis Sie in einer der Walking-Einheiten merken, dass es so anstrengend wird, dass Sie die Belastung rausnehmen und ihren Puls senken müssen, um die halbe Stunde durchzuhalten. Wenn das z. B. bei einem Puls von 140 passiert und der Puls 135 vom Vortag für Sie gut verträglich war, so können Sie Ihren optimalen Bereich gut eingrenzen. Er wird bei ca. 135 liegen.

Benutzen Sie eine Pulsuhr

Sie können den Puls durch Ertasten am Handgelenk oder an der Halsschlagader mit Zeige- und Mittelfinger ermitteln. Das ist aber sehr ungenau. Sie müssen jedes Mal stehen bleiben und auf Pulssuche gehen. In diesen paar Sekunden und während Sie messen, nimmt Ihre Pulsfrequenz ab, so dass das Ergebnis verfälscht wird. Tragen Sie eine Pulsuhr und den dazugehörigen Brustgurt, der Ihre Herztöne aufnimmt. Ein Pulsmessgerät misst wie ein EKG während der Belastung Ihre Herztöne. So können Sie ihr Tempo dosieren und lernen sich und ihr Herz besser kennen.

Tipp an die kleinen Forscher

Tragen Sie den Pulsmesser doch mal tagsüber im Büro und verfolgen Sie mit, was ihr Herz so macht, wenn Ihnen Ihr Schwarm am Kopierer begegnet oder der Chef Sie anpflaumt. Aber bitte in solchen Momenten ganz unauffällig auf die Uhr schauen. Ich kann nur sagen, so ein Tag mit Pulsmesser um die Brust geschnallt ist sehr aufschlussreich und lohnt sich.

Die Würze des Nordic Walking: Trainingsbereiche

So, nun zum praktischen Teil. Ein Training macht man in bestimmten Pulsbereichen. *Aber wieso denn jetzt Trainingsbereiche?* Denken Sie. *Ich hab doch meinen Fettverbrennungspuls! Meinen Grenzpuls! Mit dem walke ich jetzt bis zum Sankt Nimmerleins-Tag.* Mal ehrlich, klingt das nicht nach Langeweile, ödes Tagein, Tagaus? Kennen Sie noch den Suppenkasper? Dem war es zu blöd, zu langweilig, jeden Tag seine Suppe zu essen, hat einen auf Revolte gemacht. *Nein, meine Suppe ess ich nicht.* Am vierten Tage endlich gar, der Kasper wie ein Fädchen war, er wog vielleicht ein halbes Lot und war am fünften Tage … Auch Sie würden ihren langweiligen Zaubertrank bald stehen lassen: *Nein, meine Runde dreh ich nicht …* die Stöcke verschwinden im Kellerschrank. Nur: Schön schlank werden sie davon nicht. Jedoch ein gut gekochtes Süppchen, jeden Tag ein bisserl anders zubereitet und gewürzt – da hätten Sie doch eher Hunger drauf? Und genauso können Sie Ihr Training würzen – mit unterschiedlichen Pulsbereichen.

Belastungsherzfrequenz

Das ist der Puls, den Sie haben, wenn Sie sich belasten. Sie interessiert natürlich die Belastung beim Nordic Walken. Und das tun Sie mal beherzt, mal langsamer, mal fliegen Sie. Und das tun Sie auch bewusst. Mal machen Sie einen langen flauen Erholungslauf. Mal wollen Sie Ihre Kondition verbessern. Und das, so haben die Sportwissenschaftler festgestellt, tun Sie in einem bestimmten Pulsbereich. So zwischen 110 und 120 Schlägen erholen Sie sich. Und so zwischen 140 und 150 Schlägen tanken Sie Kondition. (Ihre individuelle Rechnung machen Sie auf Seite 86). Sie werden Ihre Nordic-Walking-Einheiten also nie bei ein und demselben Puls absolvieren, sondern sich immer in Herzfrequenzzonen je nach Tagesverfassung und Trainingszustand aufhalten.

Das Salz des Nordic Walking

Um gute Laune zu tanken, müssen Sie sich unterhalb des Grenzpulses bewegen. Das wissen Sie. Dieser Bereich ist aber sehr, sehr groß und bietet genug Raum, sich auszutoben. In meinen Worten gesagt, reicht er vom Erholen bis zum Flieeeeeeegen. Wissenschaftlich gesagt, reicht er von 55 Prozent bis 85 Prozent des Maximalpulses (siehe Seite 86/87) und entspricht

▸ Pulswert (Frau)
(226 – Lebensalter) x 0,55 bis
(226 – Lebensalter) x 0,65
▸ Laktatwert: > 2 mmol/l

Ihr Easy-Going-Pulsbereich:
_____ bis _____

Wann sollten Sie in diesem Bereich walken?
▸ Wenn der Schweinehund nicht aufhört zu knurren.
▸ Zur Erholung nach ermüdenden Läufen oder einem langen Arbeitstag.
▸ Zur Beschleunigung der Erholung.
▸ Bei Muskelkater und
▸ Überlastungsschäden, um die Heilungsprozesse durch gute Durchblutung zu verbessern.

einem Milchsäurewert im Blut von ca. 2 bis 4 mmol/l. Darunter, also unter 55 Prozent dieses Pulsbereiches, gehen Sie spazieren – darüber treiben Sie Sport. Der große Bereich lässt sich einteilen in drei verschiedene Trainingsbereiche. Ich nenne sie
1. Das Easy-Going-Training
2. Das Du-darfst-Training
3. Das Ich-will-mehr-Training

Das Easy-Going-Training

Es gibt einen Pulsbereich, in dem Sie sich erholen – Ihre Muskeln, Ihre Seele, jede Körperzelle. Diesen Bereich berechnen Sie folgendermaßen:
▸ Pulswert (Mann)
(220 – Lebensalter) x 0,55 bis
(220 – Lebensalter) x 0,65

Das Du-darfst-Training

Sie wollen so bleiben, wie Sie sind. Keine Kondition verlieren, dafür ein paar Fettverbrennungs-Enzyme mehr aus den Löchern locken, ruhig mal ein bisschen länger mit den Stöcken unterwegs sein. Dann trainieren Sie mit einem Puls, der Stabilisierung verspricht.
▸ Pulswert (Mann)
(220 – Lebensalter) x 0,65 bis
(220 – Lebensalter) x 0,75

▸ Pulswert (Frau)
(226 – Lebensalter) x 0,65 bis
(226 – Lebensalter) x 0,75
▸ Laktatwert: 2–3 mmol/l

Ihr Du-darfst-Pulsbereich:
_____ bis _____

Wann sollten Sie in diesem Bereich walken?
▸ Wenn Sie Ihre bereits gewonnene Form stabilisieren wollen.
▸ Wenn Sie fettverbrennende Enzyme durch lange Walking-Runden züchten wollen.
▸ Wenn Sie Ihren Fettstoffwechsel aktivieren wollen und eine Stunde Zeit haben, die Stöcke zu schwingen, denn hier wird die Energie hauptsächlich durch den Fettstoffwechsel gewonnen.
▸ Wenn Sie neue Äderchen in Ihren Muskeln sprießen lassen wollen, die sie jünger machen, besser mit Sauerstoff und Nährstoffen versorgen.

Das Ich-will-mehr-Training

Es gibt Menschen, die wollen immer mehr, und es gibt Tage, da will man nicht so bleiben, wie man ist. Dann läuft man eben mit dem Puls, der auf der ganzen Linie Entwicklung verspricht. Und der sieht so aus:
▸ Pulswert (Mann)
(220 – Lebensalter) x 0,75 bis
(220 – Lebensalter) x 0,78
▸ Pulswert (Frau)
(226 – Lebensalter) x 0,75 bis
(226 – Lebensalter) x 0,85
▸ Laktatwert: 3–4 mmol/l

Ihr Ich-will-mehr-Pulsbereich:
_____ bis _____

Wann sollten Sie in diesem Bereich walken?
▸ Wenn Sie Ihre bereits gewonnene Form noch weiter ausbauen wollen.
▸ Wenn Sie wenig Zeit haben und maximalen Kalorienverbrauch mit hohem absolutem Fettverbrauch wollen, denn in diesem Bereich wird absolut gesehen am meisten Fett verbrannt. Die Energie wird im Sauerstoffüberschuss über den Kohlenhydrat- und Fettstoffwechsel gewonnen.
▸ Wenn Sie wirksames Herz-Kreislauf-Training betreiben

oder einfach nur »Tempohärte«
wollen.
▶ Wenn Sie den Laktatabbau
während der Belastung (Laktateli-
mination) verbessern wollen.
▶ Wenn Sie Ihre Kohlehydrat-
speicher (Glycogen) im Muskel
vergrößern wollen.

Das Pauschalangebot

Sicher, den Trainingspuls können
Sie pauschal berechnen. Haben
Sie gerade getan. Doch Vorsicht,
Pauschalangebote sind nicht immer die besten. Das gilt vor allem
für Formeln. Viel wichtiger sind
Sie, Ihr Körper, Ihr wohliges Kör-
pergefühl und Ihr Spaß an der Sache. Und auf Körper und Seele
sollten Sie an erster Stelle hören.

Diese Drills machen Sie zum Nordic-Walking-Profi

Gehören Sie zu der ehrgeizigen
Kategorie? Sind Sie ein A-Typ?
Voller Testosteron und Lust auf
Neues? Dann wollen Sie nicht ste-
hen bleiben, sondern Ihre Technik
verbessern. Picken Sie sich bei
Ihren Nordic-Walking-Einheiten
immer wieder ein paar der folgen-
den Drills heraus und verbessern
Sie so spielend Ihre Technik. Aber
bitte nicht alle Drills auf einmal.
Damit ist jeder überfordert. Also
einen Schritt nach dem anderen.
Und konzentrieren Sie sich auf die
Übungen, denn nur so können Sie
Ihren Bewegungsablauf verbessern.

Geöffnete Hände

Sie gehen mit komplett geöffneten
Händen, die Stöcke hängen nur
an den Schlaufen und dürfen auch

am Boden schleifen. Der Abdruck wird nur über Druck auf die Schlaufen erzeugt. Verhindert zu verkrampftes Anpacken der Stöcke und schult gleichzeitig auch die lockere Diagonaltechnik.

Weiter Armschwung

Schwingen Sie die Arme weit nach vorn. So betonen Sie die Rotation der Schulterachse. Indem Sie mit der Hand weit nach vorn greifen, wird der Schritt länger und so rotiert auch die Beckenachse. Sie verdrehen Ihre gesamte Wirbelsäule. Ihre Bandscheiben jubeln, denn sie werden wieder durchsaftet und schön geschmeidig. Außerdem trainieren Sie mit der Rotation die vielen kleinen Muskeln, die sich zwischen Ihren Wirbeln befinden und die Wirbelsäule zusammenhalten. Ihre schrägen Bauchmuskeln, die für einen flachen Bauch sorgen, müssen auch ackern. Sie spüren bald, um wie viel stärker Ihr Rumpf wird.

Große Schritte

Machen Sie bewusst Riesenschritte und rollen Sie über den ganzen Fuß ab (Fersenaußenseite – Mittelfuß – Vorfuß). So kommen Sie automatisch zu einem intensiveren Stockeinsatz und einem entspannteren Walking.

Doppelstockeinsatz

Setzen Sie beide Stöcke gleichzeitig ein. So haben Sie mehr Zeit, den Armzug lange nach hinten durchzuführen und die Hände dabei zu öffnen. Gehen Sie im 4er Rhythmus. Auf 2 Schritte den Stock gegen den Untergrund drücken. Auf Schritt 3 und 4 werden die Arme nach hinten geschwungen und nach vorn geführt. Das soll man in den hinteren Oberarmen spüren (Abb. Seite 90).

links: weiter Armschwung, oben: große Schritte

Doppelstockeinsatz

Stolze Haltung

Der Oberkörper ist aufrecht, die Schultern hängen locker leicht nach hinten, der Rumpf ist leicht aus der Hüfte nach vorn geneigt und befindet sich in Verlängerung des hinteren Beines. So können Sie lange Schritte machen und die Arme intensiv einsetzen. Sie werden feststellen, dass Sie durch diese Haltung wesentlich tiefer atmen können. Pumpen Sie frische Luft in Ihre Lungen.

Stolze Haltung

Einarmige Arm-Stock-Bewegung

Legen Sie einen Stock auf die Schulter und trainieren Sie jetzt in aller Ruhe einseitig das Greifen (vorn) und Loslassen (hinten) des Stockes.

Einarmige Arm-Stock-Bewegung

Trippel-Training fürs Gehirn

Und das bringt Abwechslung in den Stocklauf

Über Stock und Stein: Doppelstockgehen

Sind Sie in unwegsamem Gelände unterwegs, dann setzen Sie diese Technik ein. Ihre Arme arbeiten symmetrisch. Die Stöcke werden gleichzeitig entweder zum linken oder rechten Schritt eingesetzt und bis hinter das Gesäß durchgedrückt oder geführt. Zusätzlich dient der Doppelstock auch zum Techniktraining als so genannter Drill zur Verbesserung des Armschubes nach hinten.

Trippel-Training fürs Gehirn

Trippeln Sie in schnellen kleinen Schritten und versuchen Sie den Stockeinsatz anzupassen. Natürlich beschränkt sich der Armzug dabei auf ein Minimales, dafür werden höchste Anforderungen an Ihre Koordination und an Ihr Gehirn gestellt.

Crosswalk für Abenteuerer

Erkunden Sie doch mal fernab von jeglichen Sonntagsspaziergängern das Gelände. Jetzt können Sie zeigen, was Sie draufhaben. Sie können jetzt alle Techniken und Varianten, die Sie gelernt haben, einsetzen. Pfützen, Gräben oder steile Hänge werden zur willkommenen Abwechslung. Und wie wär's? Versuchen Sie doch mal, Luftlinie zu walken. Das kann zu einer netten Herausforderung werden.

Jogging mit Stöcken

Wenn Sie schon geübt im Nordic Walking sind, und Ihre Muskulatur gut trainiert ist, können Sie die Nordic-Walking-Technik beim Jogging einsetzen. Sie erhöhen die Flugphase jeden Schrittes und steigern die Aktivität im Oberkörper. Im Wald, über Wurzeln, Steine, Bäche und bergauf macht das besonders viel Spaß.

(Fotos siehe nächste Seite)

Jogging mit Stöcken

Schrittsprünge für mehr Fröhlichkeit

Skatingtechnik

Schrittsprünge für mehr Fröhlichkeit

Hier halten Sie sich an die Nordic-Walking-Grundtechnik, aber Sie gehen nicht, sondern springen explosiv ab. Achten Sie auf eine zügige und gleichmäßige Abfolge der Schritte (Sprünge). Das macht richtig Laune.

Skatingtechnik

Sie stehen auf dem rechten Bein, beide Stöcke stecken neben dem Körper im Boden. Sie springen nun schräg nach vorn auf das linke Bein, dabei drücken Sie sich gleichzeitig mit beiden Stöcken ab. Wenn Sie landen, springen Sie sofort wieder ab. Während dieser

Flugphase schwingen Sie mit beiden Armen nach vorn. Bei der Landung auf dem rechten Bein beginnt die Bewegung wieder von vorn. Bei jedem zweiten Schritt erfolgt ein Doppelstockeinsatz.

Hopserlauf

Der Körper ist aufrecht und die Hüfte gestreckt. Sie springen mit dem rechten Fuß ab, gleichzeitig unterstützen sie den Sprung mit einem schnellkräftigen Stockeinsatz links auf Höhe des Fußes. Derselbe Fuß hat zweimal Bodenkontakt. Sie kommen also wieder mit dem rechten Fuß am Boden auf. Dann wechseln Sie auf das linke Bein und der rechte Stock wird eingesetzt. Abdruck und Landung erfolgen stets auf demselben Bein. Der Oberschenkel des Schwungbeins darf bis in die Waagrechte gehoben werden. Springen sie mehr nach oben als nach vorn. Kinder haben mit diesen Sprüngen keine Probleme. Erwachsene stellen sich manchmal recht ungelenk an. Aber versuchen Sie es.
Wenn's Probleme gibt, dann erst mal ohne Stöcke.

Das bringt Fröhlichkeit und Kondition – der Hopserlauf.

mit Schmerzen. Denn jede Form von sportlicher Aktivität zerrt einseitig am Bewegungsapparat, verändert Statik, Haltung und belastet so die Gelenke. Das sind dann Ihre Knie- und Rückenschmerzen. Muss nicht sein.

Während Ihre Muskeln wachsen und gedeihen, dehnen Sie sie auch. Täglich, nach jedem Ausflug. Dann bleiben sie nämlich lang und geschmeidig. Und Sie müssen sich etwas anderes als Kreuzweh zum Jammern suchen. Dehnen geht gut mit Stöcken. Wie, das zeigt unser Programm.

Dehnen am Stock

Wenn Sie nicht irgendwann wegen einseitiger Belastung Ihrer wertvollen Muskeln am Stock gehen wollen, dann dehnen Sie. Warum nicht am Stock?

Dehnen Sie Ihre »Walkingmuskeln«

Jeder Nordic-Walking-Schritt macht Ihre Muskeln straff und leistungsfähig. Nur: Die Ausflüge mit Stock über Stein lassen die Muskeln auch ein wenig schrumpfen. Nach ein paar Nordic-Walking-Wochen meldet sich Ihr Forever-Young-Kapital dann unangenehm: hart, verkrampft,

… und die »Schreibtischmuskeln«

Wenn Sie jetzt denken: *Na, wenn meine Muskeln durch Bewegung kurz werden, dann tu ich eben nix und meine Muckis, oder was davon noch da ist, bleibt lang und entspannt.* Leider muss ich Sie enttäuschen. Auch Ihre »Schreibtischmuskeln« wollen gedehnt werden. Sie bemerken es vielleicht nicht, aber Ihre Muskeln stehen auch beim Sitzen unter Spannung. Und schrumpfen und schrumpfen. Besonders der Brustmuskel, die Hüftbeuger und die Oberschenkelrückseite. Bringen Sie Ihre verkümmerten Büromuskeln wieder ins Lot. Machen Sie Ihre verkürzten Büromuskeln mit den folgenden Dehnübungen wieder elastisch und lang. Aber bevor Sie das Buch aus der Hand legen und losdehnen, lesen Sie noch die Grundregeln.

Muskel, streck dich ...

Dehnen können Sie sich grundsätzlich vor oder nach dem Nordic Walking.

▶ Wenn Sie vorher dehnen, verlieren Sie und Ihre Muskeln an Steife. Sie machen sich Lust auf Bewegung. Ihre Muskeln werden vermehrt durchblutet und elastisch.

Sie sind nicht mehr so anfällig für Zerrungen und andere muskuläre Verletzungen.

Sie bewegen sich geschmeidiger und hüpfen galant über Wurzeln, statt tolpatschig darüber zu stolpern.

▶ Dehnen nach der Beanspruchung macht die Muskeln wieder lang.

Dadurch bleiben Sie entspannt und geschmeidig und erholen sich schneller.

FESTE GRUNDREGELN

▶ Dehnen Sie Ihre Muskeln nie im völlig kalten Zustand. Auch bettgewärmte Muskeln gelten übrigens als kalt. Also erst einmal fünf Minuten locker eingehen und dann dehnen.

▶ Stehen Sie stabil. Gleichgewichtsübungen haben beim Dehnen nichts zu suchen.

▶ Gönnen Sie sich Ruhe und atmen Sie tief. Versuchen Sie Ihre Atmung in die gedehnte Körperpartie zu leiten. So lassen Ihre Muskeln locker und können optimal gedehnt werden.

▶ Wandern Sie langsam in die Dehnposition hinein und ebenso langsam wieder hinaus.

▶ Halten Sie die Dehnposition 15–30 Sekunden, statisch, ohne zu wippen oder zu zerren.

▶ Der Muskel soll und darf ziehen, aber nicht schmerzen. Ist die Dehnung zu stark, spannt der Muskel automatisch dagegen. Dieser Schutzmechanismus bewahrt den Muskel davor zu zerreißen.

▶ Machen Sie eine Dehnübung einmal, so erhalten Sie Ihre Beweglichkeit. Um die Beweglichkeit zu verbessern, führen Sie jede Übung zwei- bis dreimal aus.

Nordic-Walker-Dehnprogramm

Hier finden Sie 14 Dehnübungen für Ihre Muskulatur von Kopf bis Fuß. Nein, die müssen Sie nicht alle auf einmal machen. Suchen Sie sich die Übungen raus, die Ihnen gut tun. Ein Tipp: Da, wo's besonders zieht, sollten Sie dranbleiben. Der Muskel ist verkürzt und braucht ein bisschen ausgedehnte Zuwendung.

1. Wade, der kurze-innere Wadenmuskel

Ausgangsposition: Schrittstellung, beide Füße gucken geradeaus nach vorn. Die Hände sind an den Griffen und die Stöcke stehen senkrecht auf Höhe des vorderen Fußes. Auf die Stöcke stützen.
So geht's: Die Belastung ist auf dem hinteren Bein. Schieben Sie das

Knie des hinteren Beines nach vorn-unten. Die Ferse bleibt dabei auf dem Boden stehen. Spüren Sie das Ziehen im unteren-inneren Bereich der Wade? Seitenwechsel.

2. Wade, der lange-äußere Wadenmuskel

Ausgangsposition: Große Schrittstellung, beide Füße geradeaus nach vorn. Auf die Stöcke stützen.
So geht's: Strecken Sie das hintere Bein durch. Die Belastung ist auf dem hinteren Bein. Lehnen Sie sich nach vorn gegen die Stöcke. Schieben Sie die Hüfte nach vorn. Ferse des hinteren Beines bleibt dabei auf dem Boden stehen. Spüren Sie das Ziehen im oberen Bereich der Wade und in der Kniekehle? Seitenwechsel.

3. Oberschenkelrückseite

Ausgangsposition: Schrittstellung, auf die Stöcke stützen.
So geht's: Gewicht auf das hintere gebeugte Bein verlagern, dabei das vordere, entlastete Bein strecken und die Fußspitze in Richtung Schienbein ziehen. Spüren Sie die Dehnung über das ganze gestreckte Bein von der Ferse ab bis hinauf zum Po? Seitenwechsel.

4. Oberschenkelvorderseite

Ausgangsposition: Einbeinstand, mit dem gleichseitigen Arm auf einem Stock abstützen.

So geht's: Die Ferse mit der freien Hand greifen und zum Gesäß drücken. Die Knie bleiben zusammen und auf gleicher Höhe. Bauch anspannen, um nicht ins Hohlkreuz zu fallen. Jetzt müssen Sie den Zug in der gesamten Oberschenkelvorderseite spüren. Seitenwechsel.

5. Hüftbeuger

Ausgangsposition: große (noch größer als Sie denken) Schrittstellung, auf die Stöcke stützen.

So geht's: Beide Beine beugen bis der hintere Fuß nur noch mit dem Fußballen Bodenkontakt hat. Das hintere Bein bleibt leicht gebeugt. Die Hüfte nach vorn schieben, bis Sie im hinteren Bein ein deutliches Ziehen in der Leiste spüren. Der Oberkörper bleibt aufrecht, und spannen Sie den Bauch an, um ein Hohlkreuz zu vermeiden. Seitenwechsel.

6. Oberschenkelinnenseite

Ausgangsposition: Grätschstand, Oberkörper leicht nach vorn geneigt. Auf die Stöcke stützen.

So geht's: Verlagern Sie Ihr Gewicht auf ein Bein und beugen Sie dieses. Das andere Bein bleibt gestreckt. Die Hüfte bleibt frontal. An der Oberschenkelinnenseite des gestreckten Beines verspüren Sie jetzt ein deutliches Ziehen. Seitenwechsel.

7. Gesäß

Ausgangsposition: Einbeinstand gebeugt, auf die Stöcke gestützt.

So geht's: Den Fuß über das gebeugte Knie legen, nach hinten absetzen, oberes Knie zum Boden drücken. Und den Rücken mit Bauchspannung gerade halten. Sie spüren im Po auf der Seite des abgelegten Beines jetzt ein wohliges Ziehen. Seitenwechsel.

8. Rücken

Ausgangsposition: aufrechter Stand.

So geht's: Mit den Stöcken weit nach vorn greifen, Oberkörper entspannt durchhängen lassen.

9. Flanken

Ausgangsposition: Stöcke weit vor dem Körper, Oberkörper hängt locker durch.

So geht's: Mit beiden Stöcken nach rechts (in etwa eine viertel Drehung) wandern, halten, über die Mitte zur anderen Seite wandern.

10. Brust

Ausgangsposition: Ausgestreckte Arme über dem Kopf, Stöcke breit greifen. Sind Sie unbeweglich, dann nutzen Sie die Stocklänge aus. Sind Sie beweglich, greifen Sie etwas enger.

So geht's: Mit möglichst gestreckten Armen die Stöcke nach hinten-oben hinter den Kopf führen, bis Sie ein deutliches Ziehen im Brustbereich spüren.

11.
Schultergürtel

Ausgangsposition: Stöcke hinter dem Gesäß greifen. Wer unbeweglich ist, greift etwas breiter, wer beweglich ist, schmäler.
So geht's: Stöcke mit gestreckten Armen nach hinten-oben ziehen.

den Schultern raus vom Körper wegschieben. Das sollten Sie in den Schultern und im oberen Rücken spüren. Sie dürfen auch den Kopf zwischen Ihren Armen hängen lassen.

12. Seitlicher Nacken

Ausgangsposition: Im Stand ohne Stöcke.
So geht's: Kopf auf die rechte Seite legen, linke Hand am Rücken fassen und am Arm ziehen. Diese Dehnung spüren Sie im seitlichen Nacken (links). Seitenwechsel.

13. Schultern

Ausgangsposition: Im Stand Stöcke schulterbreit, waagerecht vor dem Körper greifen.
So geht's: Knie beugen, Arme aus

14. Arme und Schultern

Ausgangsposition: Im Stand, ein Stock am Rücken. Ein Arm greift von oben, der andere Arm von unten und der Stock steht senkrecht.
So geht's: Die Hände nähern sich so weit wie möglich hinter dem Rücken einander an. Die untere Hand zieht jetzt am Stock nach unten, während sich der obere Arm dehnen lässt. Im oberen Arm sollten Sie jetzt einen Zug spüren. Dann zieht der obere Arm den unteren nach oben. Diese Dehnung spüren Sie dann im anderen Arm.
Seitenwechsel

Krafttraining mit Stöcken

Wussten Sie, dass Sie ab 30 mit jedem Jahr Muskel-Aktionspäuschen ein Prozent an Muskelmasse verlieren? Das ist viel, denn so viel haben Sie auch nicht davon. Der Mann besteht zu 50 Prozent aus Muskelmasse, die Frauen zu 35 Prozent. Ein bisschen ungerecht, aber so ist die Natur nun mal. Männer haben ja auch ein größeres Gehirn – und Frauen können es besser nutzen. Die Natur hat zum Schutz des Babys die Frau mit mehr Fett ausgestattet. Und den Mann, damit er beide beschützt, mit ein bisschen mehr Muskeln. Also: 35 bis 50 Prozent Muskeln hat der Mensch. Na ja, denken Sie, davon können Sie ja noch ein bisschen zehren. Ich würde es nicht darauf ankommen lassen. Denn Sie verlieren mit jedem Prozent Muskulatur auch Lebensenergie, gute Laune und munter machende Hormone.

Masse oder Fettverbrennung

Sie wollen mehr Masse …
Wollen Sie dicke, massige Muskeln, mit denen Sie protzen können, die aber leider nur Zucker verbrennen? Dann, auf geht's ins Fitness-Studio. Denn nur dort können Sie wirklich schwere Gewichte stemmen, mit denen Sie gerade einmal 10 bis 15 Wiederholungen schaffen. Der Körper baut vermehrt neue Muskelstrukturen auf und die Maximalkraft des Muskels steigt an.

… oder aktive Fettverbrenner
Wollen Sie lieber Klasse statt Masse? Und Muskeln in leistungs-

fähige Fettverbrennungsmaschinen verwandeln, die Sie ausdauernd und zäh machen. Dann bauen Sie in Ihre Nordic-Walking-Einheit Übungen aus dem Muskelworkout ein.

Die Wissenschaft, die dahinter steckt: Machen Sie eine Kraftübung, die Ihnen leichter fällt, so dass Sie 20–30 Wiederholungen schaffen, fordern Sie den Stoffwechsel im Muskel. Seine Fähigkeit über einen längeren Zeitraum Kraftleistungen zu vollbringen, verbessert sich. Und er verbrennt jede Menge Fett.

Kleine Body-Builder-Vorlesung

Wenn man Muskeln trainiert, werden sie kräftiger und größer. Das merken Sie und das wissen Sie. Wissen Sie auch warum? In je-

der Fitness-Zeitschrift begegnen einem Schlagworte wie: Körperformung, Fettabbau, Kraftzuwachs und Muskelwachstum. Alles bedeutungsgeladene Worte mit hochinteressanten Hintergründen.

Hallo? Bist du wach?

Ein Muskel besteht aus mehreren Millionen Muskelfasern, die im Muskel parallel angeordnet sind. Wenn Sie Ihrem Muskel jetzt befehlen: *Hopp, auf, spann an!* passiert Folgendes: Ihr Muskel zieht sich zusammen, da Sie den Befehl, beziehungsweise den Impuls über die Nervenbahnen und Nervenendigungen an die Muskelfasern senden. Ihr Schreibtischmuskel kann aber nur noch 30 Prozent anspannen. Die restlichen 70 Prozent liegen im Tiefschlaf. Zum Am-Schreibtisch-Sitzen und Auf-der-Couch-Lümmeln braucht Ihr Muskel keine 100 Prozent. Also kappt er die Nervenendigungen an den Muskelfasern. Sie unterstützen ja auch keine Faulenzer.

Schätzen Sie Ihren Muskelkater

Hallo Doktor, meine Muskeln tun weh. Hab ich was falsch gemacht? Bin ich krank? Muss ich mir einen anderen Sport suchen oder ein paar Tage aussetzen?

Wenn Ihre Muskeln leicht schmerzen, wollen die Ihnen etwas sagen. Sie beschweren sich, denn Sie haben Ihre Muskeln an ihre Grenzen stoßen lassen. Bringen Sie einen Muskel an seine Grenzen und belasten Sie ihn in einer ungewohnten Weise, erschrickt er erst einmal fürchterlich. Seine Muskelfasern haben lauter kleine Mikroverletzungen, die Ihnen ein bisschen wehtun. Er baut aber flugs, um für den nächsten Angriff gewappnet zu sein, aus Eiweiß neue und bessere Muskelstrukturen auf. Der Muskel wächst und wird kräftiger.

Ein leichter Muskelkater ist also nichts Schlimmes. Er ist das beste Zeichen dafür, dass Ihre Muskeln sich auf Ihre neue Lebensweise einstellen.

Sie müssen Ihre Muskeln also richtig fordern und reizen, aus der Reserve, aus dem Tiefschlaf locken. Schongang bringt gar nichts. Denn Ihre Muskeln sind so faul wie Sie. Die ändern nur etwas, wenn sie unbedingt müssen.

Kommt Ihnen das bekannt vor?

Sie können diese 70 Prozent aber wieder aufwecken, indem Sie Ihre Muskeln wieder benutzen und nicht nur besitzen. Und das schon innerhalb der ersten zwei Wochen regelmäßigen Krafttrainings. In der Fachsprache nennt man diese Leistung eine **verbesserte intramuskuläre Koordination**. Sie verbessern also das Zusammenspiel der Muskelfasern innerhalb des Muskels. Der Muskel macht wieder das, was Sie wollen.

Grundregeln für das Kraftprogramm

▶ **Reizen Sie ihre Muskeln.** Nur wenn Sie Ihren Muskeln alles abverlangen, wird sich etwas ändern. Machen Sie eine Übung 20mal und merken Sie dann, dass Sie noch Kraft hätten für mehr, dann tun Sie es. Hängen Sie noch so viele Wiederholungen dran, bis Sie nicht mehr können. Die letzten zwei Wiederholungen müssen richtig schwer fallen.

▶ Um einen wirksamen Reiz zu setzen, sollte jede Übung 2- bis 3-mal (2–3 Sätze) ausgeführt werden.

▶ Grundsätzlich dürfen Sie 20–30 Wiederholungen bei diesem Programm ansetzen.

»Ich brauch 'ne Pause«, japste der Muskel.

Pause machen dürfen Sie natürlich – und sollen Sie auch. So hat der Muskel Zeit, sich zu erholen und Energie für die nächsten Wiederholungen zu tanken. 30 bis 60 Sekunden seien Ihnen und Ihren Muskeln gegönnt. Und dann gleich den nächsten Satz. Machen Sie bitte nicht zu lange Pause.

Tief durchatmen … auch wenn's schwerfällt

Atmen Sie tief und rhythmisch. Während der Belastung atmen Sie fließend aus, während der Entlastung fließend ein. So vermeiden Sie die Pressatmung, also das Luftanhalten. Denn dadurch schießt der Blutdruck in die Höhe und belastet das Herz und die Gefäße. Das wollen Sie nicht.

Aaaaachtung … still gestanden!

Achten Sie auf eine gute Haltung. Halten Sie die Körperspannung während der Übungen. Wenn Sie Folgendes beachten, sind Sie gut gewappnet:

▶ Kinn Richtung Brustbein ziehen und ein leichtes Doppelkinn machen.

▶ Schultern locker nach hinten unten ziehen, um den Rundrücken verschwinden zu lassen.

▶ Bauch anspannen, um ein Hohlkreuz zu vermeiden.

▶ Po ein bisschen nach hinten rausstrecken.

▶ Knie leicht gebeugt.

▶ Beine leicht gegrätscht.

Und wie oft darf ich?

Ein gesunder Muskel braucht mindestens zweimal, besser dreimal pro Woche Zuwendung. So machen Sie die größten Fortschritte und der Muskel sprießt. Dazwischen sollten Sie sich einen Tag Pause gönnen. Auf Anspannung folgt Entspannung – ein Naturgesetz.

Das Kraftprogramm für Einzelkämpfer

Das Muskelprogramm dauert nicht länger als 10 bis 15 Minuten. Hängen Sie es einfach dann, wenn Sie Zeit haben, an die Nordic-Walking-Runde an. Der nächste Tag ist Frei-Tag für die beanspruchten Muskeln. Wenn Sie Montag das Po-Bein-Programm machen, dann ist Dienstag der Oberkörper dran. Muskeln brauchen 48 Stunden Pause – Zeit, in der sie wachsen.

Grundregeln

▶ Grundsätzlich dürfen Sie 20 bis 30 Wiederholungen machen. Die letzten zwei Wiederholungen müssen richtig schwer fallen.

▶ Um einen wirksamen Reiz zu setzen sollte jede Übung 2- bis 3-mal (2–3 Sätze) ausgeführt werden. Dazwischen 30 bis 60 Sekunden Pause.

▶ Machen Sie an einem Tag das Programm über der Gürtellinie (Übungen 1–6) und am nächsten, das Programm unter der Gürtellinie (Übungen 7–11).

▶ Anfänger nehmen jeweils nur die Übung für Anfänger. Und Fortgeschrittene die für die Profis.

1. Arme für Anfänger

Ausgangsposition: Stöcke hinter dem Körper schulterbreit greifen, Handflächen zeigen nach oben, Ellbogen gebeugt so weit wie möglich nach oben-hinten heben
So geht's: Arme durchstrecken und Ellbogen auf gleicher Höhe halten. Mit Spannung die Arme wieder beugen.

2. Arme für Fortgeschrittene

Ausgangsposition: Im Stand mit leicht gegrätschten und gebeugten

Beinen stützen Sie sich mit den Stöcken hinter dem Körper ab.
So geht's: Setzen Sie sich nach hinten ab und beugen Sie die Arme. Versuchen Sie sich mit den Armen wieder nach oben zu drücken. Die Beine helfen nur leicht mit.

3. Brust

Ausgangsposition: Die Stöcke stecken schulterbreit weit vor dem Körper, Hände greifen von oben auf die Griffe. Beine und Hüfte sind leicht gebeugt, der ganze Körper angespannt. Die Füße haben nur mit den Fußballen Kontakt zum Boden.
So geht's: Die Arme bei gespanntem Körper beugen und wieder strecken. Die Ellenbogen gucken nach außen.

4. Rücken

Ausgangsposition: Die Stöcke schulterbreit über dem Kopf greifen.
So geht's: Die Hände ziehen an den Stöcken, jeweils nach außen. Mit Spannung die Arme beugen und die Stöcke in den Nacken führen. Dann die Arme wieder nach oben führen.

5. Bauch seitlich

Ausgangsposition: Die Stöcke breit über dem Kopf greifen. Beine sind gegrätscht.
So geht's: Weit zur Seite neigen, beim Aufrichten bremst die untere Hand die obere.
Zur anderen Seite neigen.

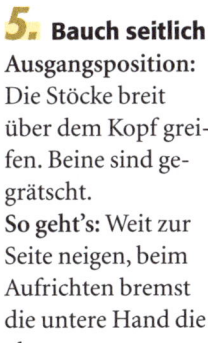

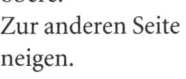

keinen Fall vor den Fußspitzen sein, und sollten nicht nach innen oder außen knicken. Beine wieder langsam strecken.

6. Bauch gerade

Ausgangsposition: In Rückenlage, die Beine aufgestellt. Die Stöcke, auf der Hüfte liegend, schulterbreit greifen.

So geht's: Kinn Richtung Brust ziehen, Schultern anheben und mit den Stöcken an den Oberschenkeln entlang bis zu den Knien »hochfahren«. Lendenwirbelsäule gegen den Boden drücken. Langsam wieder ablegen.

7. Beine/Kniebeuge für Anfänger (beidbeinig)

Ausgangsposition: Die Beine sind hüftbreit gegrätscht. Die Stöcke liegen auf den Schultern.

So geht's: Den Po nach hinten absenken, bis die Knie ca. 90° gebeugt sind. Die Knie dürfen auf

8. Beine/Kniebeuge für Anfänger in Schrittstellung

Ausgangsposition: Schrittstellung, die Stöcke liegen auf den Schultern.

So geht's: Po nach unten absetzen, bis das vordere Bein etwa 90° gebeugt und das hintere Knie kurz über dem Boden ist. Das vordere Knie darf auf keinen Fall vor den

Fußspitzen sein und sollte nicht nach innen oder außen knicken. Beine wieder langsam strecken. Seitenwechsel.

9. Beine/Kniebeuge für Fortgeschrittene (einbeinig)

Ausgangsposition: Die Beine sind hüftbreit. Stützen Sie sich mit den Stöcken hinter dem Körper ab.
So geht's: Heben Sie ein Bein ab und machen Sie mit dem anderen eine Kniebeuge, indem Sie sich nach hinten absetzen, bis das Knie ca. 90° gebeugt ist. Das Knie darf nicht vor den Fußspitzen sein und sollte nicht nach innen oder außen knicken. Dann das Knie wieder (nicht ganz) strecken. Seitenwechsel.

So geht's: Drücken Sie das abgehobene, gebeugte Bein nach hinten oben. Die Hüfte bleibt ruhig stehen. Die Arbeit macht nur das Bein. Gehen Sie zurück und führen das Bein dann wieder nach hinten oben. Spannen Sie den Bauch an, um ein Hohlkreuz zu vermeiden.

11. Wade

Ausgangsposition:
Die Füße sind parallel und hüftbreit. Die Stöcke stecken im Boden, aber bitte nur als Gleichgewichtshilfe verwenden.
So geht's: Ein Bein abheben. Das Standbein auf den Fußballen hochziehen in den Zehenstand

und dann die Ferse langsam wieder senken. Kurz vor dem Boden stoppen und die Ferse wieder nach oben bringen. Seitenwechsel.

10. Po

Ausgangsposition: Im Einbeinstand ist der Oberkörper leicht nach vorn gebeugt und stützt sich auf den Stöcken ab.

Das Kraftprogramm für Zweisamkeit

Zu zweit macht nur eines mehr Spaß. Aber dann kommt gleich: Gemeinsam was für die Muskeln tun. Bei den Partnerübungen arbeiten beide Partner gleichmäßig. Der eine baut Widerstand auf, der andere versucht ihn zu überwinden. Aber machen Sie keinen Machtkampf aus dem Krafttraining – Sie wollen nicht die Statistik ändern, sondern Muskeln aufbauen. Also sprechen Sie sich ab, um den Widerstand richtig zu dosieren, denn die Stöcke sollten immer in Bewegung bleiben. Sie brauchen zu zweit nur ein Paar Stöcke. Und die Grundregeln von Seite 103.

Kopf an Kopf

Sind Sie einen Kopf größer als Ihr Mitstreiter, so müssen Sie die Beine etwas weiter grätschen und die Knie stärker beugen.

1. Arme (Bizeps/Trizeps)

Ausgangsposition: Sie stehen sich nahe gegenüber und greifen die waagerechten Stöcke auf Hüfthöhe: Der eine greift die Stöcke schulterbreit (außen) so, dass die Handflächen nach oben zeigen.

Der andere greift die Stöcke schmaler als schulterbreit (innen) so, dass die Handflächen nach unten zeigen.

So geht's: Der Äußere, dessen Handflächen nach oben zeigen beugt die Arme gegen den Widerstand vom anderen bis auf Brusthöhe. Nun zieht der Innere anfangs mit seinen Armen gegen den Widerstand vom anderen die Stöcke zurück und drückt sie dann bis auf Hüfthöhe. Also abwechselnd Arme bremsend gegen den Widerstand des anderen nach oben beugen und dann nach unten ziehen und drücken bis zur Armstreckung. Die Ellbogen bleiben während der ganzen Bewegung am Körper. Griffwechsel

2. Brust

Ausgangsposition: Beide stehen sich in Schrittstellung (mit gleichem Bein vorn) gegenüber und greifen die Stöcke auf Brusthöhe.

Handflächen zeigen nach unten, die Ellbogen sind auf Schulterhöhe. **So geht's:** Einer drückt die Stöcke zur Brust des anderen, der die Bewegung abbremst. Nun darf der Bremser drücken und der andere hält dagegen.

So geht's: Der Vordere zieht die Stöcke gegen den Widerstand des Partners in den Nacken, nun drückt er die Stöcke gegen den Widerstand wieder nach oben. Platzwechsel.

4. Schultern

Ausgangsposition: Beide stehen mit gebeugten und gegrätschten Beinen nebeneinander, Po nach hinten rausstrecken, Schulter an Schulter. Die inneren Hände stützen sich jeweils am Knie auf, die äußeren greifen die Stöcke. Die Arme sind nach vorn-unten gestreckt und

3. Rücken

Ausgangsposition: Sie stehen hintereinander. Der Vordere ist im Kniestand und hält die Stöcke gestreckt etwas mehr als schulterbreit über dem Kopf. Der Hintere ist der »Bremser«.

der Oberkörper nach vorn geneigt.
So geht's: A zieht die Stöcke gegen den Widerstand von B zur Seite, dann zieht B gegen A. Die Arme bleiben immer gestreckt, d. h., die Bewegung kommt nur aus der Schulter.
Seitenwechsel.

5. Schultern/Arme

Ausgangsposition: Beide stehen sich mit gebeugten Beinen gegenüber und greifen die Stöcke auf Hüfthöhe. Arme sind ausgestreckt neben dem Körper.

So geht's: A zieht gegen den Widerstand von B beide Stöcke mit gestreckten Armen nach hinten. Nun zieht B gegen A.

6. Oberschenkelinnenseiten (Adduktoren)

Ausgangsposition: Beide stehen sich sehr nahe gegenüber, jeder stützt sich auf seinen seitlich stehenden Stöcken ab.

So geht's:
Nun hebt jeder das rechte Bein nach vorn-unten ab und beugt es leicht, so dass sich die Fußinnenseiten der Partner berühren, dann drücken die Partner die Füße gegeneinander und halten die Spannung etwa 15 Sekunden. Dann linkes Bein.

7. Oberschenkelaußenseiten (Abduktoren)

Ausgangsposition: Beide Partner stehen sich wieder gegenüber und jeder stützt sich auf seinen Stöcken ab.
So geht's: Nun drücken die Partner die Außenseiten der Füße gegeneinander und halten die Spannung etwa 15 Sekunden. Fußwechsel.

Achtung, fertig, los …

So, nun können Sie loswalken. Machen Sie zunächst den kleinen Test im Kasten rechts. Und wenn der in Ordnung ist, dann ab zum Warm-up, Losnordicwalken, Cool down … Ab Seite 112 finden Sie die Trainingsprogramme für Anfänger und Fortgeschrittene. Und dass die Stöcke alles andere als langweilig sind, zeigt das Schluss-Kapitel: Nordic-Fitness. Wie Sie die Stöcke anders einsetzen. Auf Rollen – oder im Winter.

Warm-up

Bei Minusgraden unter die Bettdecke schlüpfen, die ersten Sonnenstrahlen auf dem Rücken und ein schwarzes T-Shirt an, das Kaminfeuer knistert. Kennen Sie. Verbinden Sie mit wohliger Wärme, die Ihren Körper durch-

---

KURZER CHECK AUF HERZ UND NIEREN

Beantworten Sie folgende Fragen zu Ihrer Gesundheit:

▶ Haben Sie Herzprobleme oder ärztlich diagnostizierte Durchblutungsbeschwerden? ja ☐ nein ☐

▶ Haben Sie Herzschmerzen oder leiden Sie unter Atemnot?
a) in Ruhe ja ☐ nein ☐
b) in Bewegung ja ☐ nein ☐

▶ Hat ein Arzt Bluthochdruck diagnostiziert? ja ☐ nein ☐

▶ Leiden Sie unter Rückenschmerzen oder entzündlichen Gelenken? ja ☐ nein ☐

▶ Nehmen Sie regelmäßig Medikamente? ja ☐ nein ☐

▶ Haben Sie zur Zeit (in den letzten zwei Wochen) Fieber? ja ☐ nein ☐

Haben Sie eine oder mehr Fragen mit »Ja« beantwortet, sprechen Sie vorher mit Ihrem Arzt und stellen Sie gemeinsam mit ihm Ihr Fitnessprogramm zusammen.

fließt. Herrlich. Nur: Ihr schön warmes Blut fließt an Ihren Muskeln vorbei. Die Adern zu Ihren Muskeln sind dicht, abgedreht wie der Wasserhahn. Sie denken zwar; *Mir ist herrlich warm,* doch die Muskeln sind kalt. Den warmen Wasserhahn öffnen Sie nämlich nur, wenn Sie Ihre Muskeln in Gang setzten. Nur dann fließt Blut in die Muskeln und auch sie werden schön warm. Deswegen vor jedem Trainingsprogramm: 5–10 Minuten Warm-up. Sonst erschrecken Ihre Muskeln, wenn es plötzlich über Stock und Stein geht. Sie bekommen keinen Sauerstoff, verkürzen, verkrampfen. Ja, man kann sie dann ganz leicht zerren, oder zerreißen.

Warm-up-Walking-Minuten
Walken Sie langsam los, ein paar Minuten ganz locker mit tiefer Atmung. Schütteln sie den Alltag ab, schicken sie den Nörgler und Pessimisten im Kopf in den Urlaub. Diese Zeit gehört Ihnen. Sie genießen sie.

Das bringt das Warm-up
> Die Temperatur im Muskel steigt von 37 Grad auf 38,5 Grad Arbeitstemperatur.
> Die Enzyme arbeiten pro 1 Grad Temperaturanstieg um 13 Prozent effektiver. Das gilt auch für die fettverbrennenden Enzyme und die Forever-Young-Enzyme.
> Das Blut wird umverteilt, weg vom Magen-Darm-Trakt, von Leber und Milz hin zu den Muskeln.
> Die Durchblutung des Muskels steigt auf das Sechsfache an.
> Die kleinen Blutgefäße (Kapillaren) werden weit.
> Das Blut fließt schneller.
> Alle Sinne arbeiten intensiver, Reize werden besser weitergeleitet.
> Der Muskeltonus steigt.
> Der Stoffwechsel in den Gelenken wird angeregt.
> Man konzentriert sich auf die Bewegung, baut damit Alltagsstress ab.

Nun Dehnen

Nach den ersten Minuten Nordic Walking sollten Sie Ihre Muskeln dehnen. Jetzt sind sie gut durchblutet und vorbereitet auf das, was ihnen die Steife nehmen soll. Beim Aufwärmen müssen Sie die Muskeln nur kurz (5–10 Sekunden) andehnen.

Welche Muskeln?
> Als Schreibtischtäter sollten Sie in Ihr Dehnprogramm auf jeden Fall folgende Übungen mit hineinnehmen, denn diese Muskeln sind bei Ihnen verkürzt (die Übungen finden Sie ab Seite 96):

Cool down

Hängen Sie fünf Minuten lockeres Auswalken an Ihr Nordic-Walking-Programm. So kommen Sie wieder zur Ruhe. Und erholen Sie sich aktiv, mit Ihren Dehnübungen. Wichtig: Diesmal dürfen Sie die warmen und durchs Training kurzen Muskeln ruhig länger dehnen. Zweimal 15 bis 20 Sekunden.

► Brustmuskel (Übung 10)
► Hüftbeuger (Übung 5)
► Oberschenkelrückseite (Übung 3)
► Als Nordic-Walker sollten Sie folgenden Muskeln Aufmerksamkeit schenken:
► Waden (Übung 1 und 2)
► Oberschenkelvorderseite (Übung 4)
► Oberschenkelrückseite (Übung 3)
► Oberschenkelinnenseite (Übung 6)
► Arme und Schultern (Übung 14)
► Schultergürtel (Übung 11)
Schauen Sie ins Dehnprogramm ab Seite 96 und suchen Sie sich die Dehnübungen raus – auch die anderen, die Sie ausprobieren und an Ihr persönliches Programm anhängen, weil sie Ihnen gut tun.

Was passiert beim Cool down?

► Abfallprodukte des Muskelstoffwechsels werden abgebaut.
► Die Erholung wird beschleunigt.
► Die Herz-Kreislauf-Regulation normalisiert sich.
► Das Säure-Basen-Gleichgewicht wird hergestellt.
► Die Thermoregulation normalisiert sich.
► Die schnellen Energiespeicher im Muskel werden aufgefüllt.

Nordic Walking für jeden Tag

Sie haben den Grundsatz, den ich verfechte, schon verstanden: Jeden Tag Bewegung! Wenn Sie »jeden Tag« hören, geht der Kopf leicht zurück, die Schultern nach vorn und die Augenbrauen nach unten – die typische Abwehrhaltung. Sie denken an Arbeit, lästige Pflicht, Alltag und Trott.

Essen gibt's bei Ihnen doch auch jeden Tag? So eine blöde Pflicht aber auch. Nun stellen Sie sich vor, Sie müssten jeden Tag zwei Apfeltaschen essen. Die ersten drei Tage sind Sie glücklich. Ihnen schmeckt's und dann wird's langweilig. Irgendwann darf man das Wort Apfeltaschen nicht mal mehr erwähnen, weil Ihnen schon allein beim Gedanken daran übel wird.

Nur: Was ist, wenn Sie sich etwas Abwechslung gönnen? Mal einen knackigen Salat, mal eine Rotbarbe in Salzkruste oder einen Quark mit Beeren? Sie sehen, Sie essen jeden Tag und freuen sich trotzdem darauf. So ist das auch mit der täglichen Bewegung. Täglich und immer ein bisschen anders. Sie haben Ihre drei Pulsbereiche (Easy-Going, Du-darfst und Ich-will-mehr, siehe ab Seite 86) und können sie ausnutzen, mit ihnen spielen. Aber spielen Sie vorsichtig.

Übertragen Sie erst einmal Ihre Pulsbereiche von den Seiten 86/87.

Ihr Easy-Going-Pulsbereich:
_____ bis _____
Ihr Du-darfst-Pulsbereich:
_____ bis _____
Ihr Ich-will-mehr-Pulsbereich:
_____ bis _____

Welche Pulszone für wen?

▶ Sind Sie blutiger Anfänger oder haben Sie gerade eine Verletzung hinter sich und wollen langsam wieder in die Startlöcher kommen? Dann walken Sie mit Ihren Easy-Going- oder Du-darfst-Pulsbereichen.

▶ Sind sie schon fitter und voll Tatendrang, dann bewegen Sie sich mit den Du-darfst- und Ich-will-mehr-Pulsschlägen.

Das Pyramiden-Training

Diese Art von Training ist sehr kurzweilig. Falls Sie sich öfter beim lieben Gott beschweren, weil er Ihnen die Zeit beim Nordic Walken so schwer macht, und Sie nach zehn Minuten heimlich die Kurve zurück nach Hause kratzen, dann bauen Sie doch Pyramiden. Sie brauchen nur Ihre Stöcke und eine Uhr.

Das Pyramiden-Training für Anfänger:

▶ Sie wärmen sich erst mal fünf Minuten an der unteren Grenze des Easy-Going-Bereiches auf. Dann gehen Sie für zwei Minuten an die obere Grenze des Easy-Going-Bereiches. Dann wechseln Sie für zwei Minuten an die obere Grenze des Du-darfst-Bereiches.

Dann wieder zwei Minuten zurück in den Easy-Going-Bereich, dann vier Minuten Du-darst-Bereich, zwei Minuten Easy Going, sechs Minuten Du darfst, zwei Minuten Easy Going, vier Minuten Du darfst, zwei Minuten Easy Going, zwei Minuten Du darfst. Schauen Sie sich das Diagramm genau an.

▶ Zum Schluss walken Sie sich locker fünf Minuten für den Cool down aus *(siehe Abbildung 1)*.

Abb. 1: Für die, die es langsam angehen lassen wollen: Ihre Pulsbereiche liegen in der Easy-Going- und Du-darfst-Zone.

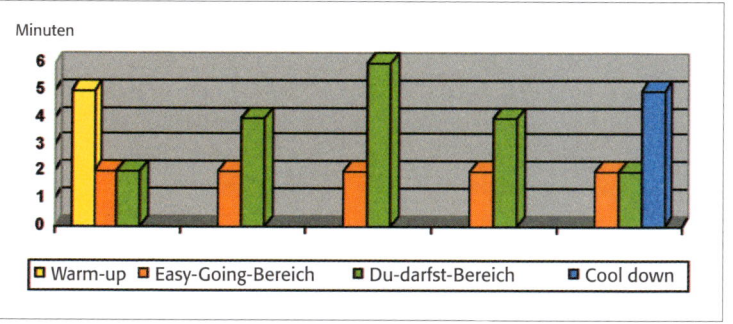

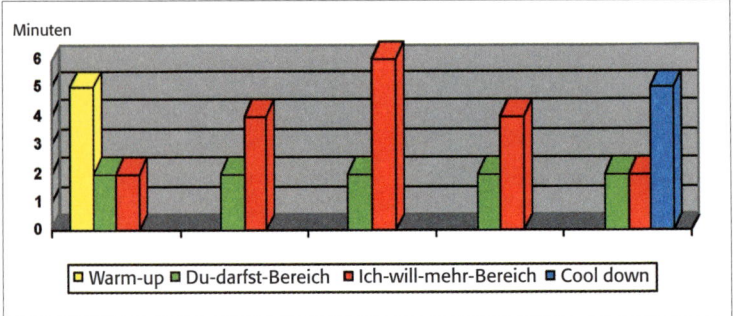

Abb. 2: Für die, die schon fitter sind: Ihre Pulsbereiche liegen in der Du-darfst-u in der Ich-will-mehr-Zone

Pyramiden-Training für die Fitten

▶ Ihre Pulsbereiche liegen in der Du-darfst- und Ich-will-mehr-Zone.

▶ Aufwärmen tun Sie sich fünf Minuten an der unteren Grenze der Du-darfst-Zone.

▶ Dann gehen Sie für zwei Minuten an die obere Grenze der Du-darfst-Zone.

Nun wechseln Sie für zwei Minuten an die obere Grenze des Ich-will-mehr-Bereichs.

Dann gehen Sie wieder zwei Minuten zurück zum Du-darfst-Puls, dann vier Minuten mit dem Ich-will-mehr-Puls, zwei Minuten Du darfst, sechs Minuten Ich-will-mehr, zwei Minuten Du darfst, vier Minuten Ich-will-mehr, zwei Minuten Du darfst, zwei Minuten Ich-will-mehr.

Schauen Sie sich das Diagramm genau an.

▶ Zum Schluss walken Sie sich dann noch locker und gelassen fünf Minuten für den Cool down aus *(siehe Abbildung 2)*.

Das schenkt Ihnen das Pyramiden-Training

▶ Sie lernen Ihren Körper kennen, indem Sie mit Ihrem Puls und der Belastung spielen. Das Training wird dadurch abwechslungsreicher.

▶ Sie tasten sich langsam an eine bessere Fitness ran, indem Sie die Trainingszeit im höheren Pulsbereich steigern.

▶ Sie kommen aus Ihrem automatisierten Bewegungsablauf und auch aus Ihrem Alltagstrott raus.

Das Langwalker-Programm

Wollen Sie einfach nur Ihren Gedanken freien Lauf lassen? Vielleicht ein bisschen meditieren, während Sie walken, oder einfach nur draußen sein und sich bewegen? Dann schwingen Sie die Stöcke länger als 30 Minuten. Sie erinnern sich, wenn Sie kurz walken, dann gehen Sie an Ihren Schwellenpuls (siehe Seite 80) möglichst nah ran und bleiben dort. Wenn Ihnen das noch schwer fällt, bleiben Sie an der untern Grenze des Ich-will-mehr-Bereiches.
Wenn Sie aber ihr Langwalker-Programm machen, vielleicht eine Stunde oder mehr unterwegs sind, dann sollten Sie Ihre Energien sparen und den Puls nicht so hoch jagen. Sie sollten nicht nach 30 Minuten auf der nächsten Bank ein Päuschen einlegen und Ihr Butterbrot auspacken. Sie sollten lange aktiv unterwegs sein.

Die Längen-Formel

Bei einem langen Walk (45 bis 90 Minuten) darf der Puls niedrig bleiben (Sie bewegen sich als Anfänger im Easy-Going-Bereich und als Fortgeschrittener im Du-darfst-Bereich). Sie müssen ja schließlich durchhalten.

Würze in den Walk

Nun ist es ja manchmal langweilig, einfach eine Stunde lang durch die Gegend zu träumen. Wenn Sie sich ein bisschen Abwechslung gönnen wollen, dann würzen Sie Ihren Ausflug mit ein paar Drills. Üben Sie den Doppelstockeinsatz, schwingen Sie die Arme weit, machen Sie Riesenschritte. Die Anleitung dazu fin-

Das bringt das Langwalker-Training:

▶ Sie stabilisieren Ihre Fitness.
▶ Sie aktivieren Ihren Fettstoffwechsel, vor allem bei längeren Einheiten.
▶ Sie entstressen perfekt.

fünf Minuten eine Kräftigungs-
übung ein. Die Stöcke haben Sie
schließlich dabei. Mehr brauchen
Sie nicht – höchstens den Partner
für das Muskelprogramm für zwei.
Aber bitte nicht immer nur die
Lieblingsübungen machen. Damit
Sie ausgeglichen trainieren und
keine Muskelgruppe ständig über-
fordern, hier ein paar Vorschläge –
die Übungen finden Sie ab Seite
104 (Single) und ab Seite 108 (mit
dem Partner):

Kräftigungsprogramm Beine:

▸ Beine/Po (Übung 7, 8, 9)
▸ Po (Übung 10)
▸ Wade (Übung 11)

Machen Sie jeweils nur die Übung
für Anfänger bzw. Fortgeschrittene.

Kräftigungsprogramm Oberkörper:

▸ Arme (Übung 1 oder 2)
▸ Brust (Übung 3)
▸ Rücken (Übung 4)
▸ Bauch (Übung 5 und 6)

Ganzkörperkräftigungs-Programm für Paare:

▸ Brust (Übung 2)
▸ Rücken (Übung 3)
▸ Schultern (Übung 4)
▸ Arme (Übung 1)
▸ Oberschenkelinnenseite
  (Übung 6)

den Sie ab Seite 88. Auch die Technikvarianten wie das Trippeltrai-
ning, Schrittsprünge oder Skating
(Seite 91) bringen Spaß ins Lauf-
einerlei. Vor allem der Crosswalk:
ab vom Weg, rein ins Abenteuer.
Und wenn die Natur mal besonders schön ist, zum Anhalten
einlädt, dann nicht hinsetzen und
ein Zigarettchen rauchen – machen Sie lieber die Kräftigungs-
übungen (ab Seite 104).

Das In-einem-Aufwasch-Programm

Wenn Sie sich rundum wohl und
ausgelastet fühlen wollen, Ihre
Muskeln ein bisschen fordern
wollen, dann bauen Sie in Ihre
Nordic-Walking-Einheit doch alle

► Oberschenkelaußenseite
(Übung 7)

Das Know-how für diese Übungen finden Sie ab Seite 108.

Vorteil des In-einem-Aufwasch-Programms

► Sie steigern Ihren Stoffwechsel, sowohl Kohlehydrat- als auch Fettstoffwechsel.
► Sie kräftigen Ihre Muskeln und verbessern die Muskelausdauer.

Das Nordic-Jogging-Programm

Sie können's. Sie fliegen bereits mit Hilfe der Stöcke. Ihr Lieblingspulsbereich ist der Ich-will-mehr-Bereich. Sie wollen in die Vollen? Dann sind folgende Trainingsprogramme für Sie richtig. Bauen Sie in Ihre Nordic-Walking-Einheit Joggingsequenzen mit Stöcken ein. Ich warne Sie: Das ist anstrengend.

► Bauen Sie zum Eingewöhnen erst mal kurze Intervalle von ein bis drei Minuten ein. Und nicht mehr als fünf davon.

► Egal, für wie fit Sie sich halten: Achten Sie auf Ihren Puls. Bleiben Sie an der oberen Grenze Ihres Ich-will-mehr-Bereiches (siehe Seite 87) – denn Ihren Grenzpuls sollten Sie nicht überschreiten.

► Zwischen den Intervallen walken Sie so lange ruhig, bis der Puls um mindestens 15 Pulsschläge gesunken ist.

► Wenn Ihnen das nach ein paar Wochen gut gelingt, können Sie die Zeit der Intervalle von drei auf fünf Minuten erhöhen und dann auch bald mehr Intervalle einbauen. Bitte nicht Zeit und Anzahl auf einmal steigern. Das wäre zu viel des Guten. Dehnen Sie zuerst die Intervallzeit aus und dann können Sie die Anzahl der Intervalle erhöhen.

Die Ernte des Laufeinsatzes

► Sie erlaufen sich einen starken, leistungsfähigen Oberkörper.
► Sie entlasten Ihre Beine und stärken Ihr Herz-Kreislauf-System.

Das Mordssports-kanonen-Programm

Ja auch Sie, Mr. Universum, kommen voll auf Ihre Kosten. Wenn Sie die Nase rümpfen und denken, Nordic Walking sei nur was für Anfänger und Unfitte: Schnappen Sie sich die Stöcke und machen Sie mal dieses Programm durch! Dann vergessen Sie nämlich nie mehr, dass Nordic Walking aus dem Leistungssport kommt. Also, wenn Sie Spaß an ein bisschen Qual und sauren Beinen haben, dann trainieren Sie Schnellkraft und Sprungkraft. Aber gehen Sie nicht zu forsch ran. Denn diese intensiven Belastungen können leicht zu Verletzungs- oder Überlastungserscheinungen führen. Wärmen Sie sich intensiv und lange auf!

Und los geht's

▶ Suchen Sie sich eine ebene Strecke, griffig, aber ohne Wurzeln und Schlaglöcher. Sie sollte etwa 15 bis 30 Meter lang sein. Manchem reichen 15 Meter, andere brauchen richtig Auslauf. Die verlängern die Strecke und damit die Intensität des Trainings. Das Prinzip ist einfach: Sie sprinten, springen, hopsen und skaten die Strecke entlang und walken langsam zurück, bis der Puls unter 130 ist.

▶ Die Techniken für die vier Mordssportskanonen-Disziplinen finden Sie auf Seite 91.

▶ Sie haben sich ganz gut aufgewärmt. Und sind bereit für mehr.

▶ Dann führen Sie die einzelnen Übungsformen sprinten, springen, hopsen, skaten nacheinander durch.

▶ Um die Intensität zu steigern, können Sie die Übungen auch bergauf machen, aber bitte kein zu steiles Gelände. Zum Erholen gehen Sie locker wieder bergab. Bevor Sie zur nächsten Übung antreten, sollte der Puls unter 130 Schlägen sein.

▶ Danach den Cool down nicht vergessen.

Das bringt Ihnen das Mordssportskanonen-Training

▶ Sie werden schnell und werden zum versierten Techniker.

▶ Sie bekommen starke Beine.

▶ Sie schulen Ihre Koordination und natürlich auch Ihr Hirn.

▶ Sie trainieren die Fähigkeit, Laktat, das produziert wird, während der Belastung wieder abzubauen.

Interview

Prof. Lothar Seiwert, der bekannteste Zeit-Experte Europas (Time-Management und Life-Leadership), hat Nordic Walking für sich entdeckt.

Dr. Ulrich Strunz: *Neuerdings sieht man Sie mit Stöcken durch Heidelberg und Simmozheim walken. Warum?*
Prof. Lothar Seiwert: Weil mir diese gesunde gelenkschonende und neue Trendsportart eine Riesenfreude macht.

Sie haben ganz schön abgenommen?
Stimmt wirklich. Fünf Kilo. In sechs Wochen. Dank Nordic Walking. Die regelmäßige Ausdauerbelastung regt den Fettstoffwechsel ganz schön an. Und der Appetit auf Gesundes wächst von selbst.

Kommt sich ein seriöser Professor nicht ein bisschen lächerlich vor mit den Stöcken?
Ganz im Gegenteil. Ich finde das auf Neudeutsch: »voll cool«. Es ist ja auch von den coolen Finnen erfunden und populär gemacht worden.

Als Zeit-Experte muss Ihnen Nordic Walking genau ins Konzept passen.
Stimmt. Weil man mit wenig Aufwand viel gewinnt. Ein Sport nach dem Pareto-Prinzip: Mit 20 Prozent Energieeinsatz kann man 80 Prozent Trainingseffekt erzielen. Außerdem passt Nordic Wal-

ken zum Prinzip meines Buches: »Don't hurry, be happy«.

Woher nehmen Sie sich die Zeit zum Sporttreiben?
Zeit haben oder nicht haben ist eine Frage der Prioritäten. Ich nehme mir die Zeit einfach, weil Gesundheit für mich eine hohe Lebenspriorität hat. Ich tu's einfach. Just do it. Außerdem gewinnt man mit Nordic Walking Zeit. Ein längeres Leben und mehr Freizeit, weil man anschließend viel kreativer und motivierter arbeiten kann.

Mehr Infos über unser Luxusgut Zeit: www. seiwert.de

Und noch mehr ...
Nordic Fitness

Sie haben Spaß an den Stöcken –
möchten Sie nicht mehr missen?
Dann darf ich Sie einladen zur
Nordic-Fitness-Welle.
Auf den folgenden Seiten lesen
Sie, wozu die Zauberstäbe noch
taugen.
► zum Nordic Bladen
► zum Skiing
► zum Nordic Snowshoing.
In jedem Fall: zu viel Spaß!

Nordic Blading – oder wie Sie auf den Stock 'n' Roll kommen

Man nimmt ein Paar Inline-Ska-
ter, dazu zwei Langlaufstöcke, und
schon kreiert man einen neuen
Trendsport: Nordic Blading. Auch
hier gilt: Ärgern Sie sich nicht

über die Kommentare der Leute, wenn Sie zum ersten Mal mit Langlaufstöcken über die Asphalt-Piste rollen. Lassen Sie sie ruhig feixen: »Der Winter ist vorbei.« Die haben keine Ahnung, was ihnen entgeht: eine völlig neue Dimension des Gleitens. Ein tolles Gefühl, fast so schön wie Fliegen. Auch Nordic bladend bringen Sie den gesamten Körper in Form – unter der Gürtellinie und darüber. Sie steigern Ihre Fitness, stärken ihr Herz-Kreislauf-System und verbrauchen bis zu 50 Prozent mehr Energie als ein konventioneller Inlineskater. Sie sind Anfänger und stehen zum ersten Mal auf Inlineskates? Dann sollten Sie erst recht die Stöcke verwenden. Sie erleichtern Ihnen, das Gleichgewicht auf den Blades zu finden. Sie können sich abstützen und fühlen sich sicher.

Ein Wort zum Skaten

Skaten heißt gleiten, auf dem Eis mit den Schlittschuhen oder auf Carving-Skiern auf der Piste oder auf Rollen auf dem Asphalt.

Ein Wort zum Bladen

Blading ist das Gleiche wie Skating. Und wenn man dann jetzt noch ein Nordic davor hängt, hat man einen Trend-Sport: Nordic Blading.

Nordic Blading – ein Sport mit Tradition

Viele Nordic Blader sind im Winter begeisterte Skilangläufer, die ihre Sportart auch im Sommer betreiben wollen. Früher sah man sie mit Skirollern, also Aluschienen mit je zwei Walzen, auf dem Asphalt trainieren. Mittlerweile sind die meisten von ihnen auf Inlineskates umgestiegen. Und das hat mehrere gute Gründe:
1. Seit etwa zehn Jahren hat sich unter den jüngeren und sportlichen Langläufern das so genannte Skating etabliert. Das ist eine Variante des klassischen Diagonallaufs, die dem Inlineskating sehr ähnlich ist. Schlittschuhlaufen auf der Loipe sozusagen. Nordic Blading ist somit das ideale Sommertraining für die Skating-Langläufer.
2. Inlineskates lassen sich leichter und besser kontrollieren als die Skiroller mit Walzen. Sie erlauben Kurvenfahren und lassen sich leicht bremsen – was sich bei ab-

schüssigen Strecken als Vorteil für den Allerwertesten erweist.

3. Skating ist hip. Nicht nur auf dem Asphalt und auf der Loipe. Sondern dank der modernen, stark taillierten Carving-Skier neuerdings auch auf der Skipiste. Mit Nordic Blading machen Sie sich also auch für den alpinen Ski-urlaub fit.

4. Neben Schulter-, Arm- und Bauchmuskulatur trainieren Sie mit Nordic Blading auch den Rücken. Sie sparen sich die Rücken-schmerzen, über die Inlineskater ohne Stöcke wegen ihrer gebück-ten Haltung klagen.

Die Stock 'n' Roll-Ausrüstung

Bevor es richtig losgeht, sollten Sie Ihre Ausrüstung überprüfen. Sie brauchen kein spezielles Nordic-Blading-Equipment. Aber Sie soll-ten auf wichtige Details achten: Wenn Sie noch keine haben, dann kaufen Sie normale Fitness-Skater

> ### Stocklängen-Formel
>
> Multiplizieren Sie Ihre Körpergröße in Zentimetern mit dem Faktor 0,95 und ziehen Sie von dem Ergebnis-wert 2,5 Zentimeter ab.

mit jeweils vier Rollen. Lassen sie die Finger von Speed-Skates mit fünf Rollen. Damit sind Sie viel zu schnell unterwegs, um die Arme effektiv einsetzen zu können.

Fragen Sie im Sportgeschäft nach speziellen Nordic-Blading-Stö-cken. Die Langlaufstöcke vom Winterskaten tun es zwar notfalls auch. Aber die Spezialstöcke sind für den Einsatz auf Asphalt mit ge-härteten Stahlspitzen ausgestattet. Entscheidend ist die Stocklänge. Das obere Ende des Stockes sollte, wenn man in den Schuhen steht, maximal bis zur Nasenspitze rei-chen. Sie können die Stocklänge aber auch mit der Formel (siehe Kasten) ausrechnen.

Verzichten Sie auf keinen Fall auf einen gut sitzenden Helm, Knie-und Ellenbogenschützer. Erkun-digen Sie sich nach verstärkten Nordic-Blading-Handschuhen, um Ihre Handgelenke zu schüt-zen. Und vergessen Sie nicht, bei längeren Ausflügen eine Wasser-flasche und ein paar Trocken-früchte mitzunehmen.

Bevor es richtig losgeht ...

Sie sind ein routinierter Winter-Skater und fahren im Sommer Rollerblades? Dann wird es Ihnen kaum schwer fallen, Nordic Blading zu lernen. Sind Sie in beiden Disziplinen Anfänger, sollten Sie sich fit machen, bevor Sie losfahren. Am besten in einem Nordic-Blading-Kurs. Fragen Sie in Ihrem Sportfachgeschäft (oder im Internet in google.de Nordic Blading eingeben.)

Aus Sicherheitsgründen sollten Sie das Bremsen beherrschen, bevor Sie richtig mit dem Nordic Blading beginnen. Suchen Sie sich einen leeren Parkplatz und üben Sie die drei gängigen Bremsen.

Skating-Bremsvarianten

1. Sie reduzieren die Geschwindigkeit mit dem Gummistopper, der an der Schiene des rechten Skating-Schuhes angebracht ist.
2. Versuchen Sie zu bremsen, indem Sie einen Skating-Schuh im 90-Grad-Winkel zur Fahrtrichtung nachziehen. Diese Technik sollten Sie eher selten anwenden, weil Sie damit Ihre Rollen schneller verschleißen.

3. Probieren Sie einen Rasenstopp. Ganz einfach, indem Sie in einer Wiese neben dem Parkplatz auslaufen.

Ihr erster Stockeinsatz

Sie können stoppen, also dürfen Sie jetzt so richtig Tempo machen und zum ersten Mal die Stöcke einsetzen. Suchen Sie sich einen Radweg oder eine abgelegte Asphaltstraße und üben Sie den Doppelstockschub. Das ist die Grundtechnik des Nordic Blading, die Sie unbedingt beherrschen sollten.

Der Doppelstockschub

Fahren Sie langsam los und lassen Sie sich rollen. Beugen Sie den Oberkörper leicht nach vorn und strecken Sie die Arme auf Höhe der Schultern nach vorn. Jetzt setzen Sie die Stöcke auf und katapultieren sich mit beiden Armen nach vorn. Achten Sie darauf, dass Sie bei der Bewegung den gesamten Oberkörper einsetzen. Sie müssen Ihr Körpergewicht beim Abstoß auf die Stöcke verlagern. Nach dem Ende der Bewegung richten Sie sich wieder auf und pendeln die Arme nach vorn, um neuen Schwung zu holen und den Abstoß zu wiederholen. Wenn Sie den Doppelstockschub beherrschen, dürfen Sie sich der Nordic-Blading-Technik widmen.

Die gängigen Nordic-Blading-Techniken

Nun versuchen Sie den Doppelstockschub mit dem klassischen Blading, dem Schlittschuhschritt der Skates, zu kombinieren. Beginnen Sie mit der leichteren Variante, der 1 : 2-Technik.

Die 1 : 2-Technik

Der Doppelstockschub erfolgt bei jedem zweiten Beinabstoß. Das heißt, Sie unterstützen immer nur den rechten oder nur den linken Beinabstoß mit den Stöcken. Und dabei gehen Sie folgendermaßen vor: Beginnen Sie mit dem Doppelstockschub, Stöcke vor dem Körper auf den Boden, Körpergewicht auf das Gleitbein verlagern und den Oberkörper nach vorn beugen. Achten Sie darauf, dass der Stockeinsatz mit gleicher Kraft auf beiden Armen parallel zur Skaterichtung erfolgt. Vermeiden Sie, dass sich der Oberkörper dreht. Andernfalls würden Sie dem Beinabstoß den nötigen Schwung nehmen.
Haben die Hände den Körper nach dem Stockabstoß passiert,

stoßen Sie sich mit dem hinteren Bein ab. Das Rollen auf dem Gleitbein nutzen Sie, um den Oberkörper wieder nach oben zu bringen und die Arme nach vorn zu strecken. Setzen Sie die Skates um und wiederholen Sie die Bewegung. Das üben Sie, bis Sie es können. Dann probieren Sie die zweite Variante, die 1 : 1-Technik.

Die 1 : 1-Technik

Sie funktioniert wie Variante eins – mit dem Unterschied, dass bei der 1 : 1-Technik jeder Beinabstoß durch einen Doppelstockschub unterstützt wird. Da können Sie mehr Gas geben. Und Sie gleiten länger. Probieren Sie sie aus und finden Sie heraus, welche von den beiden Techniken Ihnen mehr liegt.

Kurven fahren und abfahren

Sie haben am Gleiten mit Rollen und Stöcken Gefallen gefunden? Sie genießen den Rausch der Geschwindigkeit? Dann sollten Sie wissen, wie man mit Speed sicher durch die Kurven kommt. Es gibt drei Techniken, die Sie kennen sollten:
1. Sie kurven wie ein Skilangläufer, indem Sie mit kleinen Seitschritten die Richtung leicht ändern. Step by Step in die Kurve gehen.

2. Sie kurven wie ein Eisschnellläufer, indem Sie den jeweils hinteren Skate vor den vorderen setzen.
3. Sie kurven wie ein Carving-Skiläufer, indem Sie die Skates umkanten. Also heben Sie einen Skate leicht an, drehen ihn in Richtung der Kurve, abstellen und Gewicht darauf verlagern. Eine Technik, die Sie auch beim Befahren von abschüssigen Strecken ausprobieren sollten. Stellen Sie sich vor, Sie würden auf einer Skipiste fahren, und reduzieren Sie die Geschwindigkeit durch das Kurvenfahren. Sollten Sie zu schnell werden – mit dem Gummistopper bremsen.

Blader-Tipps

▶ Kleiner Motivationsschub nötig? Dann lernen Sie das Nordic Blading unter fachlicher Anleitung und in einer Gruppe. Das steigert die Motivation und macht einfach mehr Spaß. Wenn Sie eine Zeit lang regelmäßig trainiert haben, beherrschen Sie die Bewegungsabläufe automatisch.

▶ Nicht nur vor sich hin rollen: Sie können vom Alltag abschalten und die Landschaft genießen. Dennoch sollten Sie darauf achten, dass Sie effektiv trainieren. Am besten verwenden Sie einen Herz-Frequenz-Messer, mit dem Sie Ihren Puls kontrollieren können. Siehe Seite 84.

Ein rollender Erlebnisbericht

DER ERSTE NORDIC BLADER AUF MALLORCA

Oder: »El loco con los patines« – der Verrückte mit den Rollschuhen

Jörn Kocken ist Gründer von Feel-good-People.com, einem Internetvertrieb für Nahrungsergänzungsprodukte aller Art.

Als ich Anfang 1999 mit Frau und Kind nach Mallorca umzog, wollte ich hier u. a. der deutschen Hektik entfliehen. Als selbständiger Marketing-Berater hatte ich aber auch auf Mallorca einen 10–12-Stunden Tag, genau wie in der alten Heimat. In meiner Jugend hatte ich viele Jahre Leistungssport betrieben und war

u. a. als Windsurfer durch die Welt gezogen, auf Mallorca fraß mich mein Alltag aber so auf, daß für Sport sehr wenig Zeit blieb … so redete ich mir zumindest ein.

Die ersten Schritte …
Als meine Frau dann eines Tages von einem Deutschland-Besuch bei Ihren Eltern zurückkam und das Strunz'-sche »Leicht-Lauf-Buch« mitbrachte, sollte sich das schlagartig ändern. Meine schon vor einiger Zeit vom »Strunz-Bazillus« angesteckte Schwiegermutter Annemarie hatte es in nur einer Woche geschafft, meine Frau (eine bis dahin bekennende Nicht-Sportlerin) dazu zu bringen, nicht nur das Strunz-Buch zu lesen, sondern dieses auch 1 zu 1 in die Praxis umzusetzen. Acht Jahre lange hatte ich versucht, meine Frau von den »Segnungen« des Sports zu überzeugen, leider vergebens. Nun war ich von ihrem Sinneswandel so überrascht, dass ich trotz großer Skepsis anfing, in besagtem Buch zu blättern, was dazu führte, daß ich nach nur 15 Seiten aufstand, meine lange nicht gebrauchten Jogging-schuhe anzog und loslief. Seitdem laufen meine Frau und ich jeden Tag 30 Minuten durch die frische Morgenluft Mallorcas mit all den positiven Effekten, deren Aufzählung ich mir aus Platzmangel spare. Sogar unser fünfjähriger Sohn läuft jeden Sonntag mit. Als ich dann ca. 10 Monate später in einer Fitnesszeitung einen Bericht über »Nordic Blading« las, war ich hin und weg. Ich hatte schon immer viel Spaß am Rollerbladen, dieses aber bisher mehr als Zeitvertreib und nicht als Sport angesehen und war nur gelegentlich an der Uferpromenade von Palma de Mallorca entlanggebladed. Die Verbindung aus Langlaufen und Inlineskaten ließ mich nicht mehr los. Ich wollte am liebsten gleich diesen neuen Sport ausprobieren, was aber an den fehlenden Langlaufstöcken scheiterte.

Auf Mallorca schneit es nur sehr, sehr selten
Nun kann sich jeder vorstellen, daß es nicht so einfach ist, auf Mallorca Langlauf- oder gar Nordic-Blading-Stöcke zu besorgen. Spanien ist ja nicht gerade als Wintersportland bekannt. So musste ich mich bis zum nächsten Mallorca-Besuch meiner Schwiegereltern gedulden, die mir ein paar alte Langlaufstöcke mitbrachten, was beim Einchecken am Flughafen natürlich für seltsame Blicke der mitreisenden Passagiere sorgte, denn wer fliegt schon zum Langlaufen nach Mallorca. Das mussten meine Schwiegereltern aber ertragen, schließlich hatten sie mich ja mit dem »Strunz-Bazillus« infiziert.

Alte Skates – und endlich Stöcke

Als ich dann endlich an einem Sonntagmorgen im September meine alten Inlineskates untergeschnallt hatte und mit Knieschonern und Langlaufskistöcken bewaffnet durch die Straßen unseren Ortes bladete, wusste ich, dass sich das Warten gelohnt hatte! Jeder Muskel in meinem Körper schien mit Begeisterung zu schreien: »Danke, daß du mich aufgeweckt hast.« Meine Pulsuhr tanzte vor Enthusiasmus in Regionen fernab meines Grenzpulses (ich war viel zu schnell angegangen!). Als ich nach einer Stunde Nordic Bladen völlig fertig unter der Dusche stand, wusste ich, dass dies mein neuer Sport war. Das Glücksgefühl, dass ich seit einem Jahr beim täglichen Laufen erlebte, wurde hier noch übertroffen. Die Menge Sauerstoff, die ich in meine Lungen pumpte, schien sich verdoppelt zu haben, und den »Kick«, den ich schon nach kurzer Zeit erlebte, kannte ich sonst nur vom Windsurfen in der Karibik bei mindestens drei Meter hohen Wellen, was allerdings schon ein paar Jahre her war.

Am nächsten Morgen um 7 Uhr, die mallorquinische Sonne war gerade aufgegangen, begab ich mich dann auf eine Strecke raus aus unserem Ort, 100 Meter über die Landstraße und dann auf den »Cami de Sa Torre«, einen schmalen, asphaltierten Weg, Richtung Llucmajor (im Landesinneren). Dieser Weg ist bei Rennradfahrern sehr beliebt, da er wenig befahren ist und auf seinen 14 km viel fürs Auge zu bieten hat. Jan Ulrich, Eric Zabel & Co. trainieren hier regelmäßig. So bladete ich also vorbei an den typisch mallorquinischen Bruchsteinmauern, taubedeckten Mandelbäumen und diversen Schafherden, dem Sonnenaufgang entgegen. Dieses besondere mallorquinische Licht und die frische Meerluft sorgten wieder für den bereits beschriebenen »Kick«.

Ein rollender Mann vom Mars

Der alte Schäfer, der mich sonst morgens hier oft hat joggen sehen, staunte nicht schlecht, als ich plötzlich in seltsamer Kluft an ihm vorbeirollte und ihm ein »Bon Dia« entgegenrief. Seine Verwunderung war aber nichts im Vergleich zu dem, was mir auf dem Rückweg alles so begegnete. Da war z. B. der Polizeiwagen, der 1 km lang hinter mir herfuhr. Als ich mich umdrehte, blickte ich in zwei verdutzte Augenpaare, die nicht wussten, ob ich ein entflohener Geisteskranker oder ein Marsmensch sei und ob das hier alles mit rechten Dingen zugeht. Oder der Schulbus, dessen junge Insassen sich vor Lachen über mich nicht auf den Sitzen halten konnten. Die Reaktion der übrigen Verkehrsteilnehmer reichte von Lichthupe über »Vogelzeigen« bis hin zu begeisterten »das finden wir klasse«- Signalen. Ich war offensichtlich der erste Nordic Blader auf Mallorca.

Jede Körperfaser schreibt Dankesbriefe

Mir war das alles ziemlich egal, denn während so manche Autofahrerlunge gerade von Marlboro & Co kräftig geteert wurde, schien jede Faser meines Körpers damit beschäftigt, Dankesbriefe an mich zu schreiben. In nur 30 Minuten hatte ich meinen ganzen Körper auf Hochtouren gebracht, jeden Muskel bewegt, meine Lungen mit einer Unmenge frischer Mallorca-Luft vollgepumpt und gleichzeitig, unfreiwillig, für viel Gesprächsstoff in unserem Dorf gesorgt. Als ich einige Wochen später Radrenn-Star Eric Zabel entgegenbladete, schaute dieser so verdutzt aus der Wäsche, dass ich mich, von seinem seltsamen Gesichtsausdruck abgelenkt, vor Schreck fast der Länge nach hinlegte.

Mittlerweile steht Nordic Blading fest auf meinem Trainingsplan. Der Wechsel zwischen Laufen und Bladen bringt nicht nur noch mehr Fitness, sondern auch eine Menge Abwechslung. Ein positiver Nebeneffekt ist die gelenkschonende Art der sportlichen Betätigung. Meine von vielen Jahren »gelenkmordenden«

Sportarten wie Windsurfen, Squash und Hockey geschundenen Knie danken mir die regelmäßige »Jogging-Pause«. Meine mallorquinischen Nachbarn haben sich inzwischen auch an »El loco con los patines« (z. Dt.: »den Verrückten mit den Rollschuhen«) gewöhnt. Zu meiner großen Freude bin ich seit ein paar Wochen auch nicht mehr der einzige Nordic Blader im Ort. Mittlerweile habe ich meine wiedergewonnene Sportverrücktheit zum Beruf gemacht, denn bekanntlich gehört zum Sport auch die richtige Ernährung.

Jörn Kocken
FeelGood-People.com
info@feelgood-people.com
www.feelgood-people.com

Auf die Bretter, fertig, los: Nordic Skiing

Einfach langlaufen? Nööö. Mühselig erst eine gespurte Loipe suchen? Muss nicht sein. Nordic Skiing ist anders. Ein anderes Material und eine andere Philosophie stecken dahinter. Man will in die Loipe, bergauf, bergab, eben gleeeeeeeeeeeeeiten. Man will überall, wo Schnee ist, unterwegs sein. Mit kurzen, taillierten Skiern können Sie in und neben der Loipe gehen oder querschneefeldein wandern. Sie können aber auch bergab fahren oder skaten – Skifahren im Schlittschuhschritt. Bei Nordic Skiing – auch *Nordic Cruising* genannt – geht es nicht um lange Gleitwege und einen dynamischen, sportlichen Abdruck wie beim Langlaufen. Nordic-Skifahrer machen sanfte Bewegungen, die durch die Stockarbeit den ganzen Körper trainiert. Ideal für Nordic Walker oder Nordic Blader, die die Technik auch mal im Schnee ausprobieren wollen. Starten Sie und machen Sie die Winterlandschaft zu Ihrem großen Spielplatz.

Ein bisschen Geschichte
Seit Jahrtausenden läuft man im Winter lang. Weil unsere Vorfahren auch im Tiefschnee auf die Jagd gingen, erfanden sie irgendwann verlängerte Füße, mit denen sie schneller vorwärts kamen und nicht im Schnee versanken. Erst 1870 wurde Langlaufen in Skandinavien zur Sportart, als dort (am Holmenkollen) der erste Skiwettkampf für Langläufer stattfand. Seitdem hat Langlaufen in Nordeuropa Tradition. Aus dem Skilanglauf entstand das Nordic Skiing, das derzeit durch die Wellness-Begeisterung total im Trend liegt.

Gründe, warum Sie Nordic Cruising ausprobieren sollten
▶ Ein Naturschauspiel pur: Winterluft tanken, die Lichtspiele der Natur beobachten, den Wind pfeifen hören, sich an verschneiten Bäumen und gefrorenen Wasserfällchen freuen.

▶ Ganzkörpertraining: Sie trainieren Ihren Körper auf schonende Art und verbrennen bis zu 840 kcal pro Stunde. Auch Ihr Herz-Kreislauf-System profitiert.

▶ Neu: Nordic Cruising ist völlig unabhängig von Gelände und Schneebeschaffenheit.

▶ Das Verletzungsrisiko ist gering.

▶ Man kann es ganz leicht lernen.

▶ Es ist geeignet für jedes Alter.

Die Ausrüstung

Nordic-Cruising-Ski sind leichter und kürzer als Langlaufski. Die Skilänge richtet sich nach dem Körpergewicht (bis 64 kg Länge small, zwischen 64 und 84 kg medium, über 80 kg large.) Die Ski sind ungefähr körpergroß und mit einer Steighilfe versehen, damit sie nicht nach hinten weg rutschen. Die Spitzen der Ski sind breiter und flacher. Insgesamt gibt der ganze Ski einen besseren Halt.

Dies wurde erst möglich durch eine komplette Neuentwicklung des österreichischen Marktführers. Die Nordic Cruising Ski stabilisieren durch eine breitere Standfläche im Mittelbereich. **Die speziellen Nordic-Cruising-Schuhe** haben eine stabilitätsfördernde, rutschfeste Sohle. Nach Bedarf auch mit wasserdichtem Obermaterial und verschweißten Reißverschlüssen und einem flauschigen Innenleben. **Die Bindung** Ihrer Langlaufski können Sie ohne Probleme auf dem Nordic-Cruising-Ski montieren lassen.

Die Nordic-Cruising-Stöcke bestehen aus Carbon und haben eine Handschlaufe. Sie sind länger als Nordic-Walking-Stöcke, etwas kürzer als Skilanglaufstöcke. Hier gilt die Formel: Stocklänge ist die Körpergröße minus 20 bis 25 Prozent. Wenn Sie keinen Rechner zur Hand haben: die Stöcke sollten die Achselhöhle gerade nicht erreichen.

Bekleidung: Am besten geeignet ist die jedem Läufer bekannte Funktionsbekleidung, die den Schweiß im Zwiebelschalenprinzip nach außen transportiert und gegen Wind schützt. Handschuhe, eine Mütze, Sonnenbrille sollten nicht fehlen.

Kleiner Grundkurs im Nordic Skiing

Sie können mit Nordic-Cruising-Skiern unter den Füßen gemütlich in der Ebene wandern, bergab gleiten, in der Loipe fahren aber auch in unpräpariertem Gelände aufwärts steigen oder auf Pisten Ihre Kurven drehen. Sie müssen nur eines können: bremsen.

Bremsen ist Grundvoraussetzung

Entweder Sie machen den Bremspflug, den Sie vielleicht vom alpinen Skisport kennen. Dabei schieben Sie die Spitzen zueinander während die Skienden mit den Fersen auseinander geschoben werden. Dann auf den Innenkanten der Ski bremsen. Oder Sie bremsen eindrucksvoll und dynamisch mit dem Hockeystopp, bei dem beide Ski abrupt parallel her-

umgerissen werden und quer zur Fahrtrichtung zum Stehen kommen.

Fahrtechnik: Skating oder klassisch

Wer im Sommer den Rollspaß mit Stöcken (Nordic Blading) mag, der geht im Winter auf die sportliche Skating-Art zum Nordic Cruising. Die Grundtechnik ist ähnlich wie beim Nordic Blading. Sie setzen beide Stöcke parallel vor dem Körper ein, verlagern das Gewicht auf die Stöcke und katapultieren sich vorwärts. Mehr über die Technik finden Sie im Kapitel Nordic Blading, ab Seite 125. Nordic Walker bevorzugen es im Winter klassisch. Auch Nordic Skiing arbeitet klassisch mit der Diagonaltechnik, bei der, wie beim Gehen, abwechselnd der rechte Arm mit dem linken Fuß

den zu lösen, die Hand macht sich bereit, die Stöcke loszulassen. Das rechte Bein und die linke Hand pendeln dann nach vorn und machen sich zum nächsten Abstoßen bereit. Gleiten Sie am Stock vorbei, und drücken Sie sich von ihm ab, bis die Hand hinter dem Gesäß ist. Das geht leichter, wenn Sie die Hand gleich nach dem Aufsetzen öffnen und sich über die Schlaufe abdrücken.

Klingt kompliziert? Nicht für den Körper. Der macht's nach 50 Metern automatisch.

nach vorn geht und dann der linke Arm mit dem rechten Fuß mitschwingt. Nordic Walking und das klassische Nordic Cruising unterscheiden sich im Abdruck aus den Beinen. Der muss mit angeschnallten Skiern exakter kommen, damit man nicht nach hinten abrutscht. Sie können den Abdruck auch mit mehr Schwung machen, dass Sie nur kurz gleiten. Das genaue Timing zwischen Abstoßphase von Fuß und Hand ist das A und O: Wenn der linke Fuß aufsetzt und zum nächsten Abstoßen bereit ist, setzt gleichzeitig der rechte Stock ein, um den Schwung mit dem Rumpf zu unterstützen. Zur gleichen Zeit sind der rechte Fuß und die linke Hand in der letzten Phase des Abstoßens: Der Fuß steht kurz davor, sich vom Bo-

Kurven fahren …

Sie entweder, indem Sie Bogen treten oder mit Parallelschwüngen wie beim Skifahren. Das funktioniert mit diesen hochmodernen Brettern leichter, als Sie glauben.

Technik-Variationen

Laufen und springen

Kombinieren Sie Nordic Cruising einfach mit Lauf- und Sprungbewegungen. Das macht besonders Spaß im Tiefschnee, ist aber auch anstrengender. Damit können Sie also effektiver trainieren und Abwechslung in die Tour bringen.

Nordic Cruising bergauf

Bergauf sollten Sie darauf achten, den Rumpf nicht zu weit nach vorn zu legen und die Arme stärker einzusetzen als beim Skilanglauf. Wie beim Nordic Walking eben. Zudem sollte der Körperschwerpunkt exakt auf dem zum Abstoß bereiten Fuß liegen. Das unterstützt den Abdruck, so dass Sie fast springen. Auch die Armbewegung wird kürzer und dynamischer. Geht es steil bergauf, können Sie zum Grätenschritt oder V-Stil wechseln. Das heißt, Sie öffnen die Skispitzen nach außen und hangeln sich auf den Ski-Innenkanten den Berg hoch.

Nordic Cruising bergab

Und zwar, wenn die Schneedecke hart ist oder Sie in der Loipe fahren, dann gleiten Sie im Schuss den Berg hinab. Einfach in die Abfahrtshocke gehen. Im Tiefschnee ist Gleiten meist nicht möglich. Dann können Sie entweder seitlich im Treppenschritt absteigen oder den Hang queren, eine Kurve fahren, wieder queren und so weiter. Wenn es nicht allzu steil ist, können Sie auch die Technik Nordic Walking bergab anwenden (siehe Seite 69).

Nordic Cruising mit Doppelstockschub

Mit dem Doppelstockschub entlasten Sie Rücken, Arme und Beine. Damit können Sie Ihr Tempo steigern. So geht's: Sie gleiten parallel, richten sich mit dem Oberkörper auf und schwingen beide Arme nach vorne. Der Stockeinsatz erfolgt gleichzeitig

mit beiden Stöcken in Höhe der Bindung. Der Oberkörper beugt sich nach vorn und drückt mit Hilfe der Arme auf die Stöcke. Hier beginnt die eigentliche Arbeit der Arme. Nun richten Sie sich wieder vollständig auf und beginnen mit dem neuen Schub. Wenn Sie das nicht nur zwischendurch machen, sondern die gesamte Tour über, dann sind Sie beim **Skating Stil** angelangt. Wer lieber auf diese sportliche Art Nordic-Cruising-Ski fährt, der benötigt eine spezielle Skatingausrüstung. Ski mit spezieller Taillierung und Steifigkeit, die den Abstoß vom Ski unterstützen und schnelles Gleiten ermöglichen. Die Skating-Schuhe haben einen höheren Schaft, die Stöcke werden beim Nordic Cruising im Skatingstil etwas länger genommen.

Nordic Snowshoeing – Waten in wilder Natur

Die Skifahrer kennen das: Das lustvolle Eintauchen in den unberührten Schnee. Das Tiefschneefahren. Das Gefühl von Einsamkeit, weit entfernt von überfüllten Pisten, mit einem Hauch von Abenteuer. Stellen Sie sich vor, Sie können sich diesen Genuss in der Ebene gönnen. Ohne Skipass und lange Warteschlangen am Skilift. Überall, wo Sie die Landschaft reizvoll finden. Sie verlassen einfach den geräumten Weg und stapfen querfeldein durch den Schnee. Alles, was Sie dazu brauchen, sind Nordic-Walking-Stöcke, an die Sie größere Teller schrauben. Und Schneeschuhe,

wie sie sich die Eskimos und die Indianer aus dem Norden Amerikas im Freien anschnallen. Nordic Snowshoeing ist die älteste Form der Fortbewegung durch die eisige Natur. Und die bewährteste. Für den Wintersport-Fan im Jahr 2003 ist Nordic Snowshoeing eine wunderbare neue Fitness-Sportart. Einfach und leicht zu lernen. Verletzungsrisiko? Tendiert gegen null. Und deshalb ist Nordic Snowshoeing ein ideales Ganzkörpertraining für Junge und Alte, für Individualisten und vor allem für Abenteurer.

Sie brauchen nicht zum Nordpol zu reisen ...

Die Schneeschuhe kriegen Sie mittlerweile in ihrer nähesten Umgebung. Erkundigen Sie sich in einem Sportgeschäft. Und freuen Sie sich auf den Schnee. Sie werden staunen, wie leicht Sie sich fühlen, wo andere mühsam wie Störche durch das Moor stapfen. Einst waren die Schneeschuhe aus geflochtenen Zweigen gefertigt, später aus gebogenem Holz, mit Tiersehnen oder Därmen bespannt.
Heute werden natürlich nur noch Hightech-Materialien verwendet. Aus dem Schneeschuhwandern der Urvölker wurde Nordic

Die wichtigsten Fakten

► Nordic-Snow-Shoe-Walking erhöht Ihren Herzschlag um 8 bis 20 Schläge pro Minute.
► Es steigert den Kalorienverbrauch durch den Einsatz der Stöcke – im Durchschnitt bis zu 25 %.
► Beim Nordic-Snowshoe-Walking verbrennt der Körper über 400 Kalorien pro Stunde (beim normalen Walking sind es nur 280 Kalorien pro Stunde).
► Muskelverspannungen im Nacken- und Schulterbereich lösen sich.
► Nordic-Snowshoe-Walking erhöht die seitliche Beweglichkeit der Nackenpartie und Wirbelsäule.
► Folgende Muskelpartien werden gestärkt:
Streck- und Beugemuskeln des Unterarms, die hintere Schultermuskulatur sowie Bauch-, Brust- und Rückenmuskulatur.
► Durch den Einsatz der Stöcke wird der Halt im Schnee erheblich verbessert.
► Das Verletzungsrisiko tendiert in der Ebene gegen null.

Snowshoeing. Ein faszinierender Sport. Ein ideales Training für den ganzen Körper, wenn Sie die Stöcke mit einsetzen.
Für den Fünfjährigen und für den 99-Jährigen.

Stapfen ist »in«

Experten sind davon überzeugt, dass Nordic Snowshoeing sich zu einem eigenständigen Bewegungskonzept für den Wintersport entwickeln wird. Ein Konzept, das alle Voraussetzungen für einen echten Breitensport erfüllt. Nordic Snowshoeing ist das, was man daraus macht. Ein ruhiger Zeitvertreib für ältere Leute, Pistenmuffel und Landschaftsfreaks. Oder ein kräftezehrendes Training für Sportskanonen.

Wer hat Nordic Snowshoeing als Freizeitsport erfunden? Die Finnen. Mittlerweile haben sie Wintersportler aus aller Welt mit ihrem Schneeschuhfieber angesteckt. Allein in Nordamerika gehen Jahr für Jahr mehr als zwei Millionen Begeisterte mit Schuhen und Stöcken in den Tiefschnee.

Nordic-Snowshoeing-Technik

Für Nordic Snowshoeing müssen Sie keine besonderen Voraussetzungen erfüllen. Sie brauchen nur ein kleines bisschen von Fräulein Smilars Gespür für Schnee. Es ist ganz leicht. Haben sie schon mal Nordic Walking gemacht? Dann ist es noch leichter. Schnallen Sie einfach die Schneeschuhe unter die Bergstiefel, schnappen Sie sich die Stöcke und machen Sie die ersten Gehversuche in der Ebene. Sie merken sofort den Unterschied zum Gehen ohne Schneeschuhe. Sie sinken nicht so tief in den Schnee. Trotzdem müssen Sie sich im so genannten »Storchengang« fortbewegen. Das heißt, Sie ziehen bei jedem Schritt den Oberschenkel hoch, um das Bein aus dem Schnee herauszubekommen. Und das wird umso anstrengender, je tiefer der Schnee ist.

Storchengang-Test

Sie möchten den Nordic-Snow-shoeing-Schritt ausprobieren, aber es liegt noch nirgendwo Schnee? Dann gehen Sie ins Schwimmbad. Stellen Sie sich in knietiefes Wasser und beginnen Sie zu waten. Das kommt dem Nordic Snowshoing schon ziemlich nahe.

Bergauf- und Bergabgehen

Sie sind der Typ, der Sport nur sporadisch oder selten betreibt? Dann sollten Sie sich mit den Schneeschuhen erst einmal auf die Ebene beschränken, bevor Sie sich an die Hänge wagen. Das Bergauf- und Bergabgehen macht nämlich auch geübten Schneeschuh-Gehern ganz schön zu schaffen. Sie sollten fit sein und ein wenig erfahren im Umgang mit Technik und Material. Unterschätzen Sie nicht die spezifischen Belastungen im hügeligen Gelände – zum Beispiel beim Queren von Steilhängen. Dabei müssen Sie die Fußgelenke beim Gehen seitlich abwinkeln. Und das kann bei längeren Querungen ziemlich anstrengend sein.

Steilpassagen sollten Sie im Aufstieg am besten in direkter Falllinie begehen. Dabei helfen die Harschkrallen an Ihren Schneeschuhen. Sie verhindern bei eisigem und hartem Boden das Abrutschen und gewährleisten Trittsicherheit. Schwieriger als der Aufstieg ist der Abstieg in steilem Gelände. Vor allem bei Pappschnee oder Bruchharsch können sich die Spitzen der Schneeschuhe in den Schnee bohren und Sie liegen plötzlich mit der Nase im Schnee.

Um das zu vermeiden, verriegeln Sie am besten das Heck. Das heißt, Sie fixieren die Fersen an die Schneeschuhe und stehen auf ihren Schneeschuhen wie ein alpiner Skiläufer auf dem Ski. Vermeiden Sie beim Abstieg die Vor- und Rücklage.

Achten Sie darauf, dass Ihr Körperschwerpunkt immer exakt über den Füßen liegt. Mit den Stöcke verschaffen Sie sich den notwendigen Halt.

Bevor Sie ins Sportgeschäft gehen ...

Überlegen Sie sich, wie oft Sie im Jahr Nordic Snowshoeing machen wollen. Und ob Sie sich sicher sind, dabei zu bleiben.

Es geht nämlich für Wenignutzer billiger: Sie können sich Schneeschuhe und Stöcke in jedem Wintersportgeschäft ausleihen.

Nutzen Sie diese Möglichkeit auch, um das Material zu testen.

EINKAUFSLEITFADEN

▶ Achten Sie beim Kauf vor allem auf zwei Kriterien:

1. Der Schneeschuh sollte sich von vorn nach hinten verjüngen. Das erleichtert das Gehen.

2. Das Material muss unbedingt bruchfest sein und die Grundflächen dürfen im Schnee nicht vereisen.

▶ Die meisten Modelle werden – dem Körpergewicht entsprechend – in unterschiedlichen Größen, Auflageflächen angeboten.

▶ Gucken Sie besonders kritisch auf die Bindung. Sie muss bruchsicher sein, verstellbar und für Ihren bevorzugten Schuhtyp geeignet. Sie sollte der Ferse uneingeschränkte Freiheit bieten und auch bei seitlicher Belastung in steilerem Gelände sicher führen.

▶ Probieren Sie bereits beim Kauf, ob die Bindung Ihrem Schuh guten Halt gibt.

▶ Entscheiden Sie sich für eine durchgehende Sohlenplatte, wenn Sie vorwiegend Querungen im steilen Gelände unternehmen.

▶ Und fragen Sie nach den Harschkrallen aus Stahl, wenn Sie gern auf eisigen Hängen unterwegs sind.

Die Yeti-Ausrüstung

Vergessen Sie die Schneeschuh-Modelle, die Sie aus der Eskimo-Abteilung im Völkerkundemuseum kennen. Moderne Schneeschuhe sind Hightech-Modelle aus Kunststoff und Aluminium. Sie eignen sich vor allem für alpine Wanderungen, denen die klassischen Schneeschuhe aus Holz kaum gewachsen wären. Lassen Sie sich nicht durch die breiten Angebotspalette im Sporthandel verwirren. Grundsätzlich haben Sie die Auswahl zwischen zwei verschiedenen Schneeschuh-Typen. Die einen sind Alu-Rahmen mit einer Bespannung aus Neopren, Plastik oder Hypalon. Die anderen bestehen aus einer starren Grundplatte aus Plastik. Testen Sie beide Typen und entscheiden Sie, was Ihnen am meisten liegt.

Beide Modelle sind als Allrounder sowohl für einfache Wanderungen wie auch für alpines Gelände geeignet.

▶ **Der Stock** Sie hat das Nordic-Fieber gepackt und Sie wollen im Sommer walken und im Winter mit Schneeschuhen gehen? Dann brauchen Sie für beide Sportarten nur ein einziges paar Stöcke. Kaufen Sie Walking-Stöcke mit abnehmbarer Spitze, damit Sie im Winter breitere Teller anmontieren können. Dadurch können sie sich im Schnee leichter und sicherer abstützen.

▶ **Der Schuh** Sie haben bereits einen leichten Trekkingschuh im Schrank? Den können Sie zum Nordic Snowshoeing verwenden, wenn Sie kurze Touren bei nicht allzu tiefem Schnee gehen wollen. Idealerweise besorgen Sie sich einen stabilen, wasserabweisenden Tourenschuh, um nasse Füße zu vermeiden. Empfehlenswert sind auch Gamaschen. Sie verhindern, dass sich Schnee durch den Schaft in Ihren Schuh verirrt.

▶ **Die Kleidung** Ihr Outfit passen Sie natürlich den Außentemperaturen an. Zur Basisausrüstung gehören Anorak, wasserabweisende Hosen, Mütze, Handschuhe und eine Brille. Vergessen Sie nicht, dass Sie beim Nordic Snowshoeing ordentlich Dampf ablassen. Mit nasser Kleidung können Sie sich schnell verkühlen. Deshalb sollten Sie funktionelle, schnell trocknende Unterwäsche und einen Pullover aus Faserpelz oder Kunstfaser tragen. Packen Sie bei längeren Touren auf jeden Fall ein wenig Proviant in Ihren Rucksack. Eine Wasserflasche und etwas Trockenobst genügen. Und wenn Sie mit Nordic Snowshoeing Ihre Fitness optimieren wollen, nehmen Sie einen Herzfrequenzmesser mit, um Ihren Puls zu kontrollieren.

Sachwörterverzeichnis

Literatur

Bartosch, Holle, von Stengel, Simon: **Nordic Walking.** Verlag Copress Sport, München.
GEO Magazin 08/August 2001: **Die Biologie des Sports.** Verlag Gruner + Jahr, Hamburg.
Gerig, Urs: **Nordic Walking.** BLV Verlag, München, Wien, Zürich.
Hollmann, Wildor, Hettinger, Theodor: **Sportmedizin.** Schattauer Verlag, Stuttgart.
Kunsch, Konrad und Steffen: **Der Mensch in Zahlen.** Eine Datensammlung in Tabellen mit über 20.000 Einzelwerten. Spektrum Akademischer Verlag, Heidelberg und Berlin.
Seiwert, Prof. Dr. Lothar: **Don't hurry, be happy.** Gräfe und Unzer Verlag, München.
Strunz, Dr. med Ulrich: **Forever Young, Das Erfolgsprogramm.** Gräfe und Unzer Verlag, München.
Strunz, Dr. med Ulrich: **Forever Young, Das Leicht-Lauf-Programm.** Gräfe und Unzer Verlag, München.
Strunz, Dr. med Ulrich: **Das Muskelbuch.** Gräfe und Unzer Verlag, München.

Bildnachweis

Boesch, Robert 7, 11, 15, 18, 20, 21, 33, 34, 48 o., 49, 52, 56, 59, 61, 62, 113, 118, 122, 123, 124, 125, 126; Boxler, Frank 5, 6, 9, 10, 12, 16, 28, 35, 37, 39, 40, 46, 47, 48 u., 51, 57, 58, 63, 64, 65, 66, 67, 68, 69, 70, 71, 72, 75, 76, 77, 79, 80, 81, 86, 87, 88, 89, 90, 91, 92, 93, 94, 96, 97, 98, 99, 101, 102, 104, 105, 106, 107, 108, 109, 110, 111, 115, 117, 119; Exel 50; Furtner, Alois 132, 133, 134, 135, 136, 137, 139, 142; Geisler, Frank 29, 31 u.; Grillparzer, Marion 42, 44, 45; Kocken, Jörn 128, 131; Lindberg, Bennie 23, 26; Plewinski, Antje 114; Premium 19, 31 o.; Schedler, Wolfgang 54, 55; Seiwert, Lothar 121; Südwest Verlag 60; Superbild 30

Informationen und mehr zu Nordic Walking finden Sie unter www.nordic-fitness.info

Deutsches Nordic Fitness Institut

Will's mountain
Andreas Wilhelm & Nicole Prell
Oberfeld 40
82319 Starnberg
Tel.: 0 81 51-97 16 55
Fax: 0 81 51-97 16 56
www.willsmountain.de

Forever-Young-Wochen mit Nordic Fitness auf Mallorca

Termine finden Sie auf www.strunz.com oder schreiben Sie an Seminare@strunz.com, Ansprechpartnerin: Holle Bartosch